九州

自助超簡單

Cindy、Lina Chen

文 • 攝影

目次／Contents

作者序
九州的美讓人願意陣痛寫書

　　會寫下這本書的契機完全要感謝學生時代難得的機會，透過國際學生交換活動，初次來到日本就要在這裡度過一年的時光。當時九州旅遊才開始風行，除了主要都市，其他資訊都少得可憐，到交流協會辦理簽證時還拿回許多觀光手冊回家。在整理行囊往九州前，就興起記錄在日本生活點滴的念頭，也想將這些資訊分享給同學、後輩，如今有機會把資訊整理成書，真是很意外。

　　這段期間要感謝周遭朋友們的支持，尤其是因為這趟交換而結識的豆漿、Diana、芋頭、廖睿好學妹，還有在日本時照顧我們的爺爺奶奶，金丸老師、千壽子奶奶……給予我們無限的鼓勵與期待。最重要的是我的好搭檔Lina，一起翻閱過往遊玩的照片、回味當時的點滴、出發前做的準備、實際遇到的困難等，也要感謝出版社的編輯們督促的力量，讓這些經驗不只是記憶體與隨著時間消逝的回憶。

　　透過寫這本書也重新讓自己再次發現九州的魅力，九州融合都市與鄉間，可以在熱鬧的福岡感受不亞於大都市的娛樂，消費水準卻又較東京、大阪等都市便宜。也有保持日本鄉間原味的地區，長崎、佐賀在歷史上曾有過一段引領風騷、風光明媚的時光，在這裡相識的九州人不僅平易親和，更是熱情大方。

　　希望這本書能讓讀者遊九州時更加順遂，也因為我們站在同是出遊前不認識九州的立場，更能將需要注意的細節呈現於書中，並且藉由介紹景點將九州之美推薦給大家。

Cindy

作者序
跟著麗娜來旅行！

　　大家說 8 年級生是草莓族，非常脆弱，一點也不堅韌，一碰就破！對於我這個 8 年級生而言，其實我們都是有夢想與想法的，只怕我們不前進、不執行、不去實踐它！只要方向對了，就不怕路途遙遠。在寫這本書的過程中，很感謝家人及朋友的支持與幫忙，若沒有家人從小到大無私奉獻的栽培，就很難深刻體會日本生活、東洋文化。也謝謝華成出版給我們這兩個 8 年級小女生機會，藉此增加人生閱歷、豐富歷練。

　　明代文人張潮的《幽夢影》寫道：「人莫樂於閒，非無所事事之謂也。閒則能讀書，閒則能遊名勝，閒則能交益友，閒則能飲酒，閒則能著書。天下之樂，孰大於是？」生活悠閒才能閱讀書籍、遊覽名勝、結交好友、暢快飲酒、撰寫書籍。天下最快樂的事，莫過於悠閒了吧？所謂「行萬里路勝讀萬卷書」，讀萬卷書可以改變氣質，韜光養晦，培養卓越的眼光；行萬里路則可以增廣見聞，涵養寬闊的胸襟，拓展國際視野。

　　旅行對我而言是一種充電的方式，透過旅行，帶領我到不同的地方或國度，呼吸不一樣的味道、品嘗當地的美食、體驗不同的生活與文化，彼此互相交流、成長。回到家鄉，我則可以細細品嘗及回憶旅途的點點滴滴，然後再開始計畫及期待下一次的旅程！每一次的旅行，都將成為獨一無二的回憶，謹記在心。

Lina 2016.

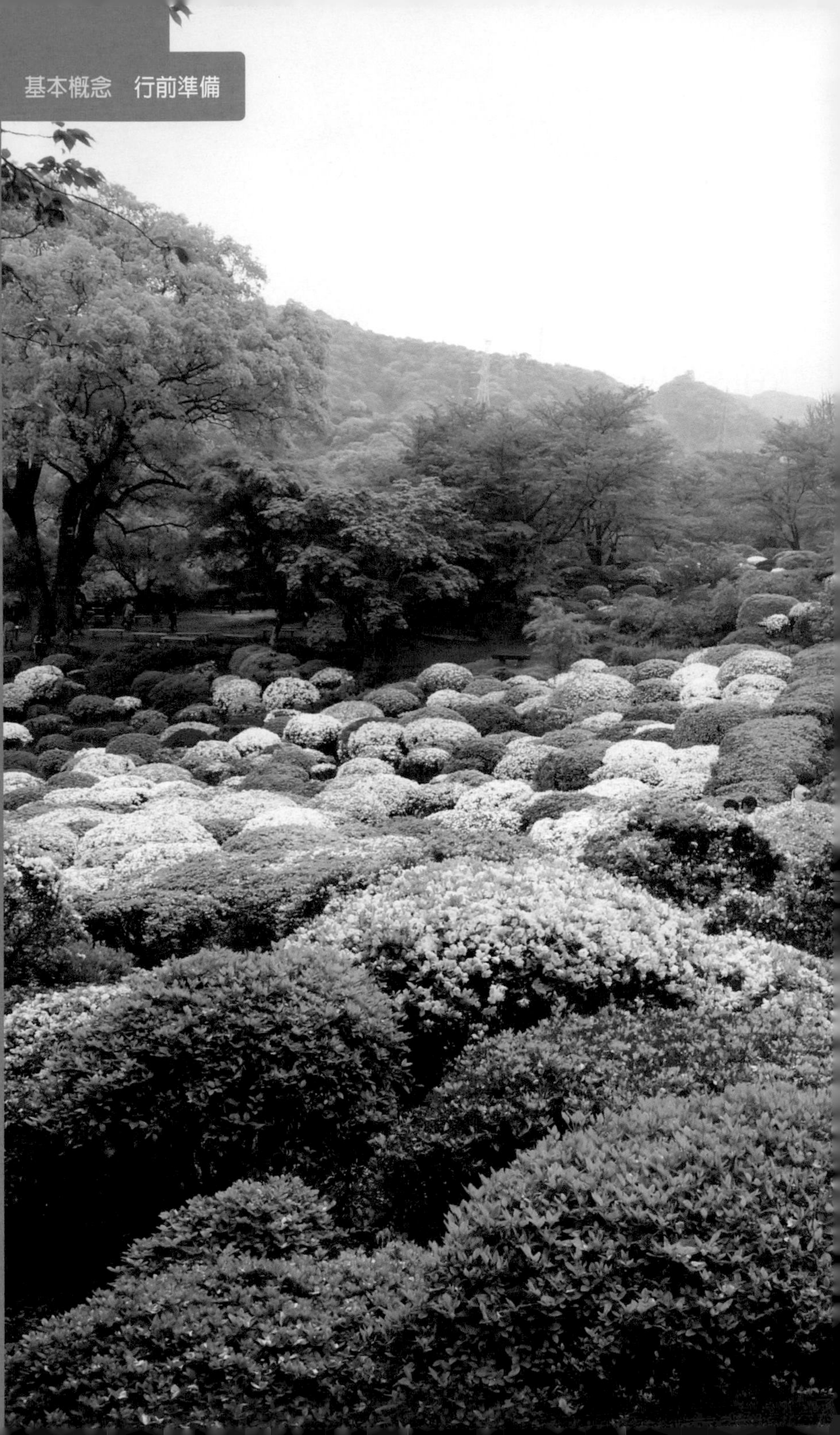

認識九州

基本概念

觀光重點

　　九州有七個縣：福岡、佐賀、宮崎、大分、熊本、長崎、鹿兒島。一般說到九州時，常把九州分成南北兩個部分，北九州有福岡、長崎、佐賀、大分，觀光的重點在熱鬧又便利的福岡、充滿荷蘭文化的長崎、溫泉勝地大分；南九州有熊本、宮崎、鹿兒島，觀光的重點在擁有雄偉壯麗古城的熊本及天然砂浴的鹿兒島等，不過這本書也將介紹其他景點，提供更多的選擇。

地理位置

　　日本的國土構成，不含其他小島分別是北海道、本州、四國、九州、沖繩。在這邊討論的九州不包含沖繩，僅九州島的面積大約是 35,600 平方公里，排名日本第三大島，也是世界第三十七大島，恰好臺灣是第三十八大島；地形的分布類似臺灣，在熊本和宮崎的中間有九州山地、橫跨福岡和佐賀有筑紫山地，其餘是臺地與平地。左邊與韓國之間隔著對馬海峽，右上方與本州、四國島包圍成瀨戶內海，佐賀、長崎、熊本之間包圍著有明海。

人口

　　九州的面積只比臺灣大一點點，而人口卻只有 1,300
多萬，其中 500 萬還集中在福岡縣，人口最少是不到 100
萬人的佐賀縣。人口密度大約是 300 人 /km²，只有臺灣
669 人 /km² 的一半。

氣候

　　整個九州除了緯度較高的福岡縣有機會降雪到有薄
薄積雪的程度之外，其他地方都很少下雪，可是相較臺
灣還是四季分明。春天的平均溫度是 13 ～ 16℃、夏天是
26℃、秋天是 19℃、冬天是 7 ～ 10℃；春秋兩季比較適合
觀光，夏季氣候雖不算炎熱，但可能有颱風侵襲；冬季不
會寒風刺骨，也因此不容易看到雪。

　　春天有櫻花、藤樹、杜鵑、牡丹、繡球花；夏天有向
日葵、朱槿花；秋天有楓葉；冬天有梅花、山茶花等。

航程

從臺灣出發到日本九州不是只有福岡可以選擇，中華航空還有到宮崎、鹿兒島，因此可以依照自己的行程路線安排入境地點，從桃園機場出發到福岡機場的班次最多，航程只要 2～2.5 小時左右，大概在機上看一部電影的時間就抵達了。建議在機上一定要拿毛毯，飛機上升到一定高度後，即便是在有暖氣的機艙中也會冷到全身發抖，於旅程開頭若不小心感冒就不妙了。

飲水、電器使用

在日本，基本上只要扭開水龍頭的水都可以直接喝，少數例外的地方會特別標示不可生飲，比方說浴室、廁所、休息站的洗手間等，不過日本近年來民眾有購買瓶裝水的趨勢，而且消費量節節上升，所以看到別人買水也不奇怪。順道一提，有些日本人會主張自己住的縣市水比較好喝，大家可以試試看到底有沒有差別，也是一種趣味。

去日本不用準備轉換插頭，唯一要注意的是電壓只有100伏特，帶去使用的電器產品可能會充電得比較慢，因為臺灣的電壓是 110、220 伏特，在日本購買電器產品時千萬要注意電壓標示，避免不當使用發生危險。

行前準備

出國前要做的功課，不外乎蒐集當地的旅遊資訊、情報、準備護照、駕照等。出發前要購買來回機票、訂房、注意匯率換日幣等，短期的旅行只要帶現金即可，較長期的留學或打工可以選擇旅行支票、開通海外刷信用卡等以備不時之需。還要打包整理行李、確認當地氣象狀況、旅遊相關保險、租借手機或 Wi-Fi 分享器。

護照、簽證

日本政府自從 2005 年起開放給戶籍設在臺灣，即擁有臺灣身分證的臺灣人 90 天免簽入境，也就是說只要確認護照有效日期即可。

臺灣在 2008 年起發放晶片護照，此後辦理或換護照就會拿到有晶片的護照。在護照正面下方的金黃色部分，就是記錄個人資料的晶片。

另外還可申請「入出國自動查驗通關系統 e-Gate」，使用自動通關前要先辦理手續，只要申辦一次即可終身使用，僅限 14 歲以上、140 公分以上的民眾申請，須準備護照，以及身分證、健保卡、駕照三者擇一，到機場的申辦櫃檯記錄臉部影像，可選擇是否登錄雙手食指指紋，在臉部辨識失敗時才會使用指紋辨識，記錄完後在申請書上簽名就完成了，整個過程不到 5 分鐘，實在太便利。

接著來到自動通關的閘門，把護照有照片那頁往下、對準左上角感應即可過第一關；然後是生物辨識系統，記得脫下眼鏡或移除臉前的障礙物，讓電腦辨識你的臉，如果辨識失敗則會要求改以辨識指紋（僅限申辦時有記錄指紋者），要是兩者都失敗就得改走人工櫃檯，辨識成功則前方的門會打開，整個過程不到 1 分鐘，真是超快速！若使用快速通關後有需要出入境章的證明，可於移民署公務櫃檯申請補蓋「當次」出入境章。

攜帶物品清單

□護照	□信用卡	□眼鏡 or 隱形眼鏡、保養液
□機票或電子機票	□臺幣	□個人藥品、常備藥
□訂房或租車紀錄（代碼）	□地圖	□衛生紙＆溼紙巾
□手機、電話卡、網路卡	□筆記本＆筆	□雨具＆雨傘
□駕照正本＆日文駕照影本（若有用車或租車）	□鞋子 or 拖鞋	□換洗衣物（外套、襪子、貼身衣物、上衣、褲子）
□護照影本	□牙刷、洗面乳、卸妝用品	□塑膠袋（可裝穿過的換洗衣物）
□緊急聯絡人＆電話	□防曬＆個人保養品 or 化妝品	□手機充電線、充電器
□外幣現金	□生理用品（女性的衛生棉）	□電器產品的備用電池（手機、相機）

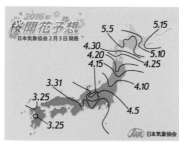

網路上也可以看到櫻前線的報導

遊玩的季節選擇

春

説到日本的春天就會想到櫻花，由於九州地處偏南，因此櫻花也較本州更早開，約莫在 3 月上旬開始一路從南邊的鹿兒島到最北邊的福岡。日本的氣象預報在 2 月初就會播報櫻花開放的預定時程，並依照觀測記錄不時發布日期修正的預告。

4 月下旬到 5 月中旬是藤樹開花的季節，藤樹的花色有白有紫，花期較櫻花長，不過 5 月時九州也恰逢梅雨來襲，因此要準備雨具。

櫻花

夏

　　相較臺灣的夏季，位在高緯度日本的夏季，因為天空萬里無雲時陽光更顯毒辣，加上九州的夏季較常下雨，記得攜帶雨具及防曬用品。

秋

　　秋天時，日本也會推出類似「櫻前線」的楓葉預想時刻表，告訴民眾什麼時間點正是賞楓的好時期，基本上銀杏葉發黃與楓葉快轉紅的時節相近，所以此時可以一賞兩種自然風情。

杜鵑

冬

　　從 11 月的微涼開始，12 月正式踏入九州的冬季，九州下雪的機會不大，但在福岡的山區還是有機會看到積雪。在夜間會開始準備 Light Up 的點燈裝飾，像是各大車站、各縣市區等皆會布置，基本上選在深夜無人時搭建，隔夜突然地點燈營造驚喜的感覺，直到元旦結束。

紫藤花　　　　　　　　　　繡球花／紫陽花

1~2 佐賀車站附近的 Light Up 布置

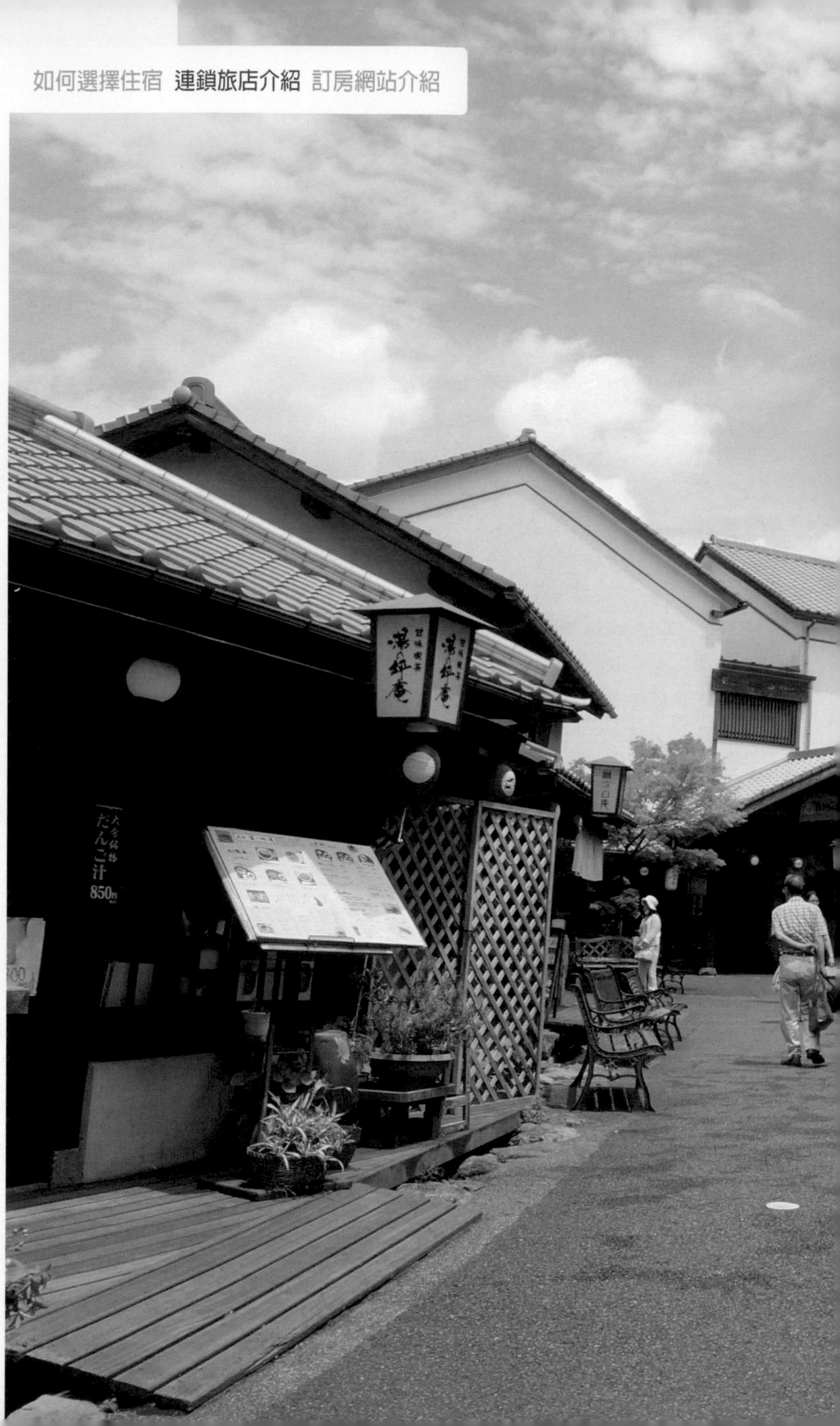
甘味喫茶
大分名物
だんご汁
850円

安排住宿

如何選擇住宿

到日本旅遊最花錢的是住宿,其次是交通,再來是飲食。住宿為重要的一環,幸好日本有很多連鎖飯店、商務旅館等,加上臺灣人對日本觀光的熱愛,許多旅館的官方網站也有提供中文訂房系統,只要點點滑鼠操作,就有地方可以住。

通用的注意事項

外國旅客在 check in 時,須提供護照讓旅館影印或登記,就像入境時簽的單子一樣,只是為以防萬一而留下房客資料,因此不需要太緊張。

當櫃檯附近有小架子放置盥洗用具時,表示房間內沒有放置盥洗用具,需要在大廳先拿好,小架子一整天都放置在大廳,可隨時回大廳拿取。

日本旅店對於外國遊客是否持有護照、外國留學生是否隨身攜帶在留卡的規定相當嚴格,若無法出示證明,嚴重可能會被拘留,因此請記得隨身攜帶。

連鎖旅店介紹

東橫 INN

　　是國人去日本旅遊最常見的選擇，在九州（不含沖繩）有 27 間旅館，訂房網頁提供繁體中文，操作方式簡單。

　　依照房型及地點位置不同，單人房的價格從 3,800 ～ 7,300 円（未稅）不等，越接近市中心的費用越高。

　　下午 4 點後 check in，上午 10 點前 check out。在 4 點前其實也接受 check in 手續，但要到 4 點後才可以入住房間。

· 網址：www.toyoko-inn.com/china

東橫 INN 雙人房

東橫 INN 單人房

東急 Hotel

　　東急 Hotel 在 2015 年起分成 3 個品牌來經營，分別是東急 Hotel、EXCEL Hotel 東急、東急 REI Hotel，日本全國都有分店，在福岡有 2 間，熊本及鹿兒島各 1 間，各個旅館都提供 Wi-Fi 服務，有的分館還提供洗衣機，從官網可以看到各個分館的房型，有單人房、雙人房（兩張單人床：ツイン；一張雙人床：ダブル）。價位區間大，在熊本、鹿兒島比較便宜，單人房約 7,000 ～ 10,000 円左右，在福岡則比較貴，單人房約 8,000 円起。

· 網址：www.tokyuhotels.co.jp/ja

鹿兒島車站西口的東橫 INN

東急雙人房

東急浴室雖小五臟俱全

Hotel 東急 Bizfort 在 2015 年已改為博多東急 REI Hotel

西鐵 INN

主要據點在福岡，地理位置相當良好，是標準的商業旅館。下午 3 點後 check in，上午 10 點前 check out。

· 網址：www.n-inn.jp

Dormy INN

主打商務旅館也可以泡天然溫泉的 Dormy INN，每間飯店都有男女分開的大浴場，有些旅館還會設置露天泡湯浴池，各個旅館的溫泉標榜有不同療癒功能，早餐是豐盛的自助吧，好吃程度在旅客間享有盛名。

· 網址：www.hotespa.net/dormyinn

Dormy INN 招牌

Dormy INN 玄關

Dormy INN 房間

Dormy INN 豐盛好吃的早餐

Hotel REMM 外觀

房內的浴室都有大窗戶

Hotel REMM

九州只有鹿兒島 1 間分館，位在離天文館商店街步行約 10 分鐘處，旅館內提供觀光地圖，從 Hotel Remm 到各個都市景點皆為差不多的距離，外觀是標準的商業旅館，浴室有一大片窗戶可以一邊洗澡、一邊隔著玻璃看電視，不使用時可以拉下百葉窗，另外還提供出租各種大小的會議室。下午 2 點後 check in，上午 11 點前 check out。

· 網址：www.remm.jp

訂房網站介紹

　　以下介紹幾個訂房網站及其特色，主要以提供中文服務的網頁為主，供大家做選擇。

じゃらん

　　號稱日本最大的住宿、旅館預約網站，可以應付各種高級旅館、商務出差，甚至是當日來回的需求，常常在其他網站都一房難求的情況下，能夠在這邊找到投宿的旅館，號稱訂房成功率第一。還提供繁體中文網站，相較日文版的簡單許多，只要選擇縣市、時間、訂房就搞定。

・網址：www.jalan.net/tn/japan_hotels_ryokan/?cc=tai_banner

STEP 1
中文版的じゃらん網頁。可以直接從地圖上挑選地點，或是搜索目的地後，將入住時間、退房時間等輸入後，按下Search。

STEP 2
網頁會出現所有符合條件的旅館，價錢顯示為一晚的價格，還有旅館的簡介，按下預訂後就會出現下一個頁面。

STEP 3

預訂資料中可以再度調整入住天數、check in 時間，入住旅客的性別也要填入。

STEP 4

住宿者的代表中挑一個填寫即可，使用護照上的英文拼音，先寫名再寫姓；地址僅寫縣市即可。填入電子郵件就會收到認證碼，確認後再進行下一步。

STEP 5

付款方式有兩種，一是在飯店付款，二是線上刷卡。

STEP 6

再次確認入住內容、每晚的價格。

STEP 7

按下確認預訂後就完成了，記得要去信箱收取預訂成功的郵件。

Travel 樂天

　　日本最大的購物網站，同時也兼具訂房、機票、預購門票等多功能，在這裡可以找到一些便宜的旅館或青年旅舍。

・ 網址：travel.rakuten.co.jp

STEP 1

跟じゃらん的網站一樣，輸入地點、入住時間等後，按下搜尋。

STEP 2

網頁上會顯示符合條件的旅館，不過價格標示處是入住的總金額，而非一晚的金額，所以看到價格時可別嚇一跳呢！

STEP 3

點開後右方有價格詳情，可以看到一晚的金額。

STEP 4

付款方式可以選擇在飯店付款或線上刷卡，按下「完成預訂」就完成了。

AGODA

AGODA 的中文介面更平易近人，還有來自世界各地的評價可供參考，操作也十分容易，住宿費用需先線上付款。

· 網址：www.agoda.com

STEP 1
首頁

STEP 2
在顯示符合條件的飯店時，價格的部分可以調整幣值，還有讓人介意的網路部分也都一清二楚。

STEP 3
右上方可以查看房型，進一步選擇想要的房型與價格。

STEP 4
房型、價格一覽。

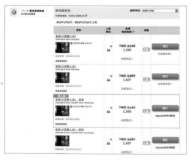

STEP 5
填入房客資料後,下方可以選擇特殊需求。

STEP 6
可選擇的特殊需求。

STEP 7
付款的方式只有線上刷卡一種,只要確定收到訂房成功的 E-mail 就完成了。

TRAVEL ADVISOR

也是很常見的訂房網站,雖然有繁體中文頁面,卻不時會出現奇怪的翻譯,但不妨礙訂房,飯店的設施比起其他網站寫得還要詳細,不失為一個參考。

· 網址:www.tripadvisor.com.tw

最後,請一定要確定有收到訂房成功的電子郵件及扣款成功與否。如果因故改變行程,也一定要到該網站上點選取消,若就這樣放著可能會影響到往後自己訂房的權益。

往返機場

出境流程

櫃檯辦理報到與托運行李

　　一般出國可抓 1.5～2 小時前到機場,若遇連假或人潮眾多尖峰時刻,時間再盡量提早,遲到了飛機可是不等人的。

　　以桃園機場為例,出發前須確認自己的航廈為第一或第二,抵達航廈、航空公司的櫃檯後辦理 check in 與托運行李等手續,目前大多使用電子機票,較少發行紙本,到該班機的櫃檯只要出示護照即可,為防萬一也可以列印、隨身攜帶。

　　無法隨身上飛機的危險物品,例如刮鬍刀、修眉刀、有爆炸危險的鋰電池,以及超過 100 毫升的液體等都須托運,否則被檢測出時會被強迫丟棄,請多留意。

出境手續

　　此階段會檢查護照和隨身行李,必須接受 X 光的檢查。隨身行李的部分需將所有物品,如手機、手錶、包包都放置到盒中進行 X 光檢查;若身上有安裝心臟支架、人工關節等導致金屬探測器響起,只需要完善說明即可。手持護照通過 X 光門,沒問題後就可以到免稅店和前往登機門了。

先找到航空公司報到櫃檯

安全檢查

找尋登機門

辦理報到＆托運
行李

可在機場換外幣

自動查驗通關系統

感應指紋機器

等待登機

登機與起飛

　　登機證上會標示登機門號碼，找到登機門後準備登機，會由頭等艙、商務艙、經濟艙的順序進行作業。將護照和機票交給地勤人員查看，現在都有機器可以刷條碼，刷完即可登機。

　　放好行李、繫上安全帶，就可以亨受機上服務、休息，建議利用飛行時間先填妥「外國人入國記錄表」及「行李申告書」，以省下入國審查通關時間。

Info

☆ 注意事項

　　外國人入國記錄表中，有關滯留日本期間的住宿地點，一定要詳細寫下地址，否則資料不完全，日本是有權利不讓旅客入關的。

　　在行李申告書中第三項，另外寄送的物品一欄中，如果有額外寄送過來的行李，像是透過 EMS、海運等行李一定要勾選「是」，並且在B面的攜帶物品欄填寫明細。海關解釋一定要填寫的原因是，經由此宣告表示該寄送物品都是個人使用，而非販售、商業行為，才不會被課關稅或扣留。

准点	时间变更	起飞地	航班号			备注
9:20	9:39	首尔仁川	KE787	JL5220		已到达
9:30	9:23	新加坡	3K509			已到达
		曼谷				
10:05	10:13	釜山	KE783	JL5264	已到达	
10:30	10:43	首尔仁川	OZ132	NH6962	正在提取行李	
10:50	10:47	釜山	BX142	OZ9732	正在提取行李	
10:50	10:56	关岛	UA165	NH6461	正在提取行李	
11:20	11:23	台北桃园	BR106	NH5802	准点	

▶ もてなし はじめの一歩は 『笑顔から』

入境流程

入國審查

　　飛機降落、停穩、完全靜止後，等待空服員廣播指示才可解開安全帶、起身、拿行李、開啟通訊電子機器。

　　到入國審查櫃檯排隊，將已填妥的「外國人入國記錄表」及「行李申告書」交到櫃檯，工作人員會檢查護照、收走外國人入國記錄表，在櫃檯有採集指紋的機器及拍照鏡頭，是因應日本加強反恐行動，而增加的兩項安全措施。

領取行李＆行李檢查

　　對照自己的航班，到旋轉臺找行李，接著通過行李檢查的閘道，此時會有偵查犬進行隨機檢查，被嗅出有不該攜帶的物品時，可能會要求打開行李檢查，請留意避免攜帶違規物品，最後將「行李申告書」交給工作人員就可以入境日本了。

福岡機場

福岡機場

　　福岡機場是九州最主要的機場，許多國際航班皆會過境福岡機場，每年約有 1,600 萬人次抵達。國際航廈與國內航廈是分開的，從國際航廈出來後可以搭乘免費接駁車前往國內航廈及地下鐵福岡機場站。

福岡機場的免稅店位在國際航廈 3 樓，有多家名牌精品、電器用品、保養品、化妝品專櫃，如萬寶龍、蒂芬妮、OMEGA、Dior、蘭蔻、植村秀、香奈兒等。商品價格不會附加稅金，免除了日本消費稅或進口商品關稅，價格真的優惠許多，商品品牌分門別類齊聚一堂，讓消費者一網打盡，非常方便。有時還能逛到日本國內無法買到的「限定」商品呢！

到達口

國際大樓 1 樓

國際大樓 1 樓為海關檢查處、抵達大廳的地方，高速巴士的窗口也在此，門口就是機場接駁巴士、通往各縣市的高速巴士、團體巴士乘車處等。

機場大廳

國際大樓 2 樓

國際大樓 2 樓有轉機大廳、入境檢查處、VIP 候機室、銀行等。

各地伴手禮

國際大樓 3 樓

國際大樓 3 樓為辦理登機手續的航空公司櫃檯、出發大廳、海關、登機口、餐廳、免稅店、VIP 候機室、出境檢查處等。

國際大樓 4 樓

福岡機場國際大樓 4 樓為廣場及觀景臺。

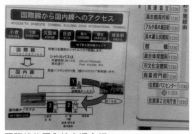

國際線往國內線交通介紹

國際線往國內線接車

國際線至各城市路線介紹

福岡機場到九州各市區往返交通　電車、新幹線
大範圍移動超好用的 JR 九州 PASS

九州交通介紹

福岡機場到
九州各市區往返交通

往福岡機場國內線接駁車

福岡機場站的地下鐵
（位在國內線）

到了福岡機場後，當然要爭取時間立馬前往旅遊的目的地，前往每個縣市都不只一種方式，在這邊列出新幹線、高速巴士等，以及建議的安排方式，大家也可以依照自己的行程來調整，以最少時間、最少花費為前提開心遊玩。

地下鐵 + 電車

由於福岡機場的國際航廈（航廈3）與國內航廈（航廈1、2）分開，可搭接駁巴士移動。在國際航廈出口外就可以看到1、2、3、4號巴士站，1號才是接駁巴士站，每隔5～10分鐘就有一班。

到了國內線的第二航廈後，轉搭地下鐵從福岡機場到都市中心，每隔7分鐘左右就有一班車，到博多和到天神的票價一樣是260円，乘車時間分別是5分鐘、12分鐘。

	佐賀	長崎	熊本	大分	宮崎	鹿兒島中央
電車	特急 40分鐘	特急 115分鐘	新幹線 40～50分鐘	特急 120分鐘	新幹線 240～260分鐘	新幹線 80～90分鐘
總價	2,440円	4,700円	5,130円	5,560円	25,000円左右	10,450円

高速巴士

福岡機場國際線（航廈3）外巴士站

可以從國際航廈搭西鐵高速巴士直達天神巴士中心，航廈出口外的2、3、4號巴士站就是前往福岡市區或其他各縣。

‧2 號巴士站：通往博多、天神、太宰府；通往別府、湯布院、黑川溫泉。
‧3 號巴士站：通往佐賀、長崎、豪斯登堡、佐世保。
‧4 號巴士站：通往久留米、小倉、熊本。

博多巴士中心（3 樓）
‧31 號巴士站：通往佐世保、豪斯登堡。
‧32 號巴士站：通往唐津、伊萬里。
‧33 號巴士站：通往山之神、直方。
‧34 號巴士站：通往別府、大分、湯布院。
‧35 號巴士站：通往下關、鹿兒島及其他縣市。
‧36 號巴士站：通往東京、宮崎。
‧37 號巴士站：通往長崎、嬉野。
‧38 號巴士站：通往熊本。

西鐵天神高速巴士中心（3 樓）
‧1 號巴士站：通往唐戶、下關。
‧2 號巴士站：通往北九州。
‧3 號巴士站：通往熊本、唐津、伊萬里。
‧4 號巴士站：通往佐賀、佐世保、豪斯登堡、鳥栖 Outlet 中心、長崎。
‧5 號巴士站：通往別府、大分、湯布院。
‧6 號巴士站：通往宮崎、鹿兒島及其他縣市。

福岡機場往其他城市的西鐵巴士車票

巴士列表

地區	路線	所需時間	票價
佐賀	福岡機場國際線（3 號）→佐賀巴士中心	70 分鐘	1,230 円
	西鐵天神高速巴士中心（4 號）→佐賀巴士中心	75 分鐘	1,030 円
長崎	博多巴士中心（37 號）→西鐵天神高速巴士中心（4 號）→ JR 長崎車站前	150 分鐘	2,570 円
熊本	福岡機場（4 號）→熊本交通中心	113 分鐘	2,060 円
	博多巴士中心（38 號）→西鐵天神高速巴士中心（3 號）→熊本交通中心→ JR 熊本站前	105 分鐘	2,160 円
大分	博多巴士中心（34 號）→西鐵天神高速巴士中心（5 號）→福岡機場國際線（2 號）→別府北濱	159 分鐘	3,190 円
	博多巴士中心（34 號）→西鐵天神高速巴士中心（5 號）→福岡機場國際線（2 號）→由布院站前（需事前預約）	140 分鐘	2,880 円
宮崎	西鐵天神高速巴士中心（6 號）→博多巴士中心（36 號）→宮崎站	280 分鐘	4,630 円
鹿兒島	博多巴士中心（35 號）→西鐵天神高速巴士中心（6 號）→鹿兒島中央站前（需事前預約）	255 分鐘	5,450 円

＊括號內為該巴士的乘車口號碼

電車、新幹線

　　在日本的電車營運公司由北到南、由東到西，分為 JR 北海道、JR 東日本、JR 東海、JR 西日本、JR 四國、JR 九州。在九州有鹿兒島路線和正在建設中的長崎路線，鹿兒島路線是從博多往南經過久留米、熊本到達鹿兒島中央站；長崎路線則是從從鹿兒島路線的新鳥栖站分支出來，使用原本的路線到武雄溫泉站，再一路搭建至長崎，預計於 2022 年啟用。

　　位置在九州，卻不屬於 JR 九州的是山陽新幹線，從新大阪經過新神戶、岡山、廣島、小倉到博多。

　　JR 九州有推出很多區段的觀光列車，可以坐在舒服的座椅上、享用特別版的鐵道便當、從行經路線欣賞窗外的風景、輕鬆地觀光，車廂的設計各有風情，比起一般電車更有出門遊玩的愜意，而且讓交通時間從枯燥等待轉為觀光的一部分，到達定點後再來深度探索，也是一種觀光方式。常見的有特急由布院之森、特急阿蘇 Boy!、九州橫斷特急等。

「由布院之森」行經車站

博多 — 二日市 — 鳥栖 — 久留米 — 日田 — 天ヶ瀬 — 豐後森 — 由布院 — 大分

「特急阿蘇 Boy!」行經車站

熊本—新水前寺—水前寺—肥後大津—立野—赤水—阿蘇—宮地

「九州橫斷特急」行經車站

別府—大分—三重町—緒方—豐後竹田—宮地—阿蘇—立野—熊本

1-2 新幹線

大範圍移動超好用的
JR 九州 PASS

　　JR 九州 PASS 非常簡單，可搭乘新幹線、特急，以及一般鐵路的電車，範圍分成兩種：北九州與全九州。唯一要注意的是無法搭乘從博多到小倉區間的新幹線。

　　JR 北九州 PASS 的範圍北至下關、南至熊本、東至大分，西至長崎；JR 全九州 PASS 則是再加上熊本南端、鹿兒島、宮崎。由於九州範圍寬廣、每個縣內都有著名景點，但景點之間距離寬廣，需要快速的移動方式以節省時間，只要手上有這張 PASS，就可以搭配不同的交通工具，跑遍九州各縣。

　　雖然大家多少都認同日本交通費高，這邊再稍微提一下實際的比較，讓大家知道為什麼這張 PASS 很超值，舉例來說，從福岡的大都市博多為中心，到長崎要 4,700 円，到鹿兒島則要 10,450 円，先不算交通時間長短，這樣的價格就夠讓人吃幾碗拉麵了，況且以上價格都還只是單程而已，來回票價更是讓人不敢恭維，所以只要在 3 天內有來回博多與長崎，車票的價格就超過了 JR 北九州 3 天 PASS！甚至還可以中途去佐世保遊玩呢！

使用期間和票價整理

　　JR 九州 PASS 有 3 天版和 5 天版，使用日期不需要與購買日期相同，可以指定購買日期起算的三個月內連續的 3 天或 5 天，指定日期開始後沒使用到的天數不延長，也不退費。價格在官網上就可一目了然，2014 年 4 月起因消費稅等調

整，價格也有所變更，且指定席次也增加了使用次數的限制，
附上表格供大家參考。

地區	天數	成人票價／兒童票價（6 ～ 11 歲）	指定席可用次數	範圍
北九州	3 天	8,500 ／ 4,250 円	10	福岡、長崎、佐賀、大分（豐厚竹田為止）、熊本
	5 天	1,000 ／ 5,000 円	16	
全九州	3 天	15,000 ／ 7,500 円	10	福岡、長崎、佐賀、大分、熊本、宮崎、鹿兒島
	5 天	18,000 ／ 9,000 円	16	

＊持有 JR 九州 PASS 還可享有一些店家、景點門票優惠，詳
　情請見官網。

購買條件

　　在國內外國人購買的條件（2 個條件都必須符合）：
1. 持有日本以外的護照。
2. 以「短期停留」的在留資格從外國入境的旅客。
　　身為日本公民，如果要購買，必須符合以下條件：
1. 持有外國永久居留權的日本國籍公民。
2. 持有 3 個月內從日本出境至海外的回程機票。
3. 持有海外事先購買的 JR 九州鐵路周遊券兌換券。

購買方式

　　購買方式分為兩種，一種是在日本當地購買，另一種則
是在臺灣先找到有販售的旅行社代為購買。

日本當地購買

　　需攜帶護照至旅客中心或福岡國際機場 1 樓 TISCO 旅
行情報中心，填寫表格（注意姓名欄需填寫護照上英文拼
音），決定使用日期。表格上都有清楚的標示，購買程序也
十分簡單。

海外購買

　　委託臺灣旅行社代為購買票券也是省錢的一招，由於在
日本國內購買 JR 九州 PASS 的價格統一，建議可以事先到有

JR 北九州 PASS 附上的手冊正反面

JR 北九州 PASS 的 5 天版

使用地區與車種　　手冊上的中文乘車指南

JR 九州 PASS 留學生版也會附上簡易
的注意事項

販售的旅行社詢問價格、比較後再行購買。在海外購買時即刻要填入護照上的姓名拼音與護照號碼，一旦填錯日本這方可拒絕兌換，因此請務必格外留意。在海外購買的兌換券，於 3 個月內，要帶到日本的旅客中心兌換成真正的票券，兌換時才需要指定使用日期，於使用日期間要隨身攜帶護照讓工作人員確認，便可以無限次搭乘範圍內電車。

注意事項

· 兌換券發售後 3 個月內需兌換成真正的 JR 九州
  PASS。

· 必須連續 3 日或 5 日使用。

· 在日本購買時，購買人是使用者本人（不可幫人
  代購）；在海外則不受此限制。

· 一人可購買一張以上的周遊券，但購買時每張周
  遊券的使用期間不可重複。

· 只限本人使用，並務必隨身攜帶護照。

· 不能搭乘臥鋪特急列車、JR 九州巴士、B&S 宮崎、
  遊覽列車「九州七星」，以及博多到小倉區間的
  山陽新幹線（此線為 JR 西日本而非 JR 九州所有，
  因此不在使用範圍內）。

· 指定席沒有空位時可以搭乘自由席，但不會退
  差額。

JR 全九州 PASS 留學生版，每次搭乘新幹線時都會
打印上進出站時間、記錄旅遊路程，有種小小成就
感，是絕佳的紀念品

JR 北九州 PASS 留學生版（日期更改過），為了要
配合友人的行程，在選定日期後曾更改過一次

Info

☆ 留學生專用 JR 九州 PASS

　　JR 九州 PASS 是為了日本國籍以外、持「短期滯在」的入境資格，以觀光為目的而來的外國訪客所設計，因此持有長期簽證的在日外籍學生就無法購買。但自 2011 年 3 月 12 日起，日本開始販售留學生專用的 JR 九州 PASS，對於熱愛旅遊的留學生來說真是一大福音。

　　票價比一般的 JR 九州 PASS 便宜，可以購買北九州版及全九州版，北九州的票價為 7,200 円、全九州為 14,400 円，但限制只能購買 3 天版，已經在日本的留學生可以請親友在臺灣代為購買 JR 九州 PASS，然後再帶到日本兌換，亦可自行在旅客中心或九州旅行社購買，購買時要出示自己的的留卡。

使用方式

　　在進出車站時需向站員出示 JR 九州 PASS 和護照，雖然有的站員只是瞄過一眼並沒有仔細檢查，但還是千萬要記得攜帶護照喔！若持有留學生專用 JR 九州 PASS，則需攜帶「外國人登錄證明書」或「在留卡」，並且可以選擇出示票券或在閘口插卡進出車站，車票上會打印上紅色字體標記出入車站名稱與時間；票券使用日期結束後不會收回。

JR 北九州 PASS 可使用範圍

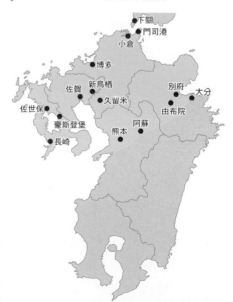

JR 全九州 PASS 可使用範圍

F.R.AE

福岡

福岡的交通

博多車站（白天）

福岡是九州最熱鬧的都市，交通方式也最複雜，這裡依序介紹 JR、地下鐵、民營鐵路、巴士、觀光巴士，以及可使用的觀光票券，大家可以自行衡量安排景點後再決定是否購買票券。

JR

通常只有在較遠距離的景點時才會使用到，像是從博多到小倉、門司，或是跨縣市，而比較在都心的景點其實都可以使用地下鐵或巴士前往。

JR 大廳

福岡的地下鐵分為福岡市營地下鐵與民營的西鐵，前者只有 3 條線：箱崎線、機場線、七隈線；後者有 2 條主線：天神大牟田線、貝塚線，還有其他小支線，不過本書中只有使用到天神大牟田線。

福岡市營地下鐵

JR 自動收票口

在市營地下鐵的範圍內（箱崎線、機場線、七隈線），票價最低從 200 円起算，最高到 370 円，未滿 12 歲的兒童票價是成人票價的一半，一個大人最多可以免費帶 2 個未滿 6 歲的兒童搭乘。只要把票券投入自動收票口（改札口），取票後即可進入車站，切記要好好保管票券。

福岡地下鐵車票

這三條線要轉車時，從吳服町轉中洲川端可直接在車站內換車完畢（B3 是機場線、B2 是箱崎線），從天神轉天神南時要先出站、經過天神地下街後才可以換車，不過在出站

福岡市營地下鐵路線圖

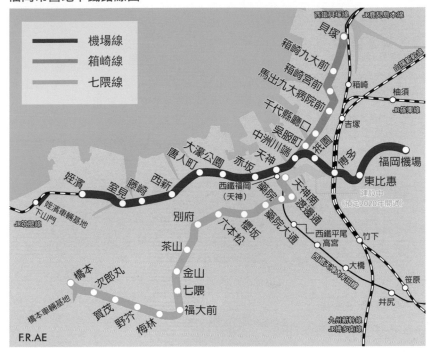

時一定要從綠色的專用收票口出去，機器才會記錄到，否則
票券被機器收走就得重新買票。

地下鐵一日乘車券

　　平日大人 620 円、小孩 310 円，週末與國定假日則會推
出エコちかきっぷ（環保地下鐵車票），大人 520 円、小孩
260 円，其實就是地下鐵一日券再便宜 100 円而已，使用時
就像一般地下鐵票券一樣，直接投入收票口即可。

　　發售當日可以使用全線地下鐵；一些餐廳、遊樂設施，
還有部分觀光景點出示這張一日乘車券有提供票券折扣：

觀光景點	優惠	觀光景點	優惠
福岡市博物館	折扣 50 円	博多故鄉館	折扣 50 円
福岡市美術館	折扣 50 円	櫛田神社「博多歷史館」	折扣 100 円
福岡 Asia 博物館	折扣 50 円	福岡市動物園	門票 8 折
		福岡塔	門票 8 折

西鐵電車

　　西鐵的電車主要分為天神大牟田線和貝塚線，此兩線與彼此並沒有重疊，反而是有幾站與市營地下鐵重疊，也就是說可在建築物內出閘口後上下樓、更換月臺，然而西鐵電車與市營地下鐵的票價是分開計算、不能通用。

　　不過貝塚線與市營地下鐵之間有續乘（乗り継ぎ）的優惠，最高可達 60 円，只要向站務人員說明，就可以獲得續乘優惠。

　　西鐵的列車有 3 種，普通、急行與特急，普通是每站都停，速度越快停的站就越少。2015 年消費稅提高後有修改票價，但普通列車最便宜的一樣是從 150 円起算，急行或特急只要使用普通車票就可搭乘，也就是一樣的價錢可以坐比較快的車，只要看準時刻表搭車即可。

　　西鐵推出的優惠票券組合非常多，優惠方式是打折後的來回車票，加上指定景點的入場券，或是周邊知名餐廳的料理兌換券、購物優惠券等。

西鐵地下鐵天神站

西鐵電車自動收票口

西鐵電車票價表

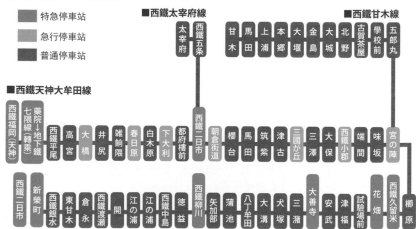

福岡西鐵電車路線圖

F.R.AE

西鐵巴士

比起單純的市營與西鐵地下鐵，西鐵巴士可說是最複雜的交通方式，從各區都市中心向外四散的交通路線，以下列出幾個方便的乘車方式可供選擇：

福岡都心 100 円巴士

從博多到天神之間的循環巴士，無論從哪個站上車到哪個站下車，都只要 100 円，巴士車廂的正面標示 100、車身會標示 100 円循環バス，共會經過 18 個巴士站，從博多站前出發、也會反方向出發的巴士。

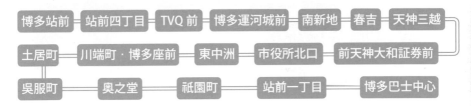

福岡都心 1 日 Free 乘車券

使用的方式是刮除使用日期的銀漆，上車時還是要抽取整理券，在下車時投入整理券，向駕駛出示乘車券即可。

- 票價：大人 620 円、小孩 310 円、Pair 票 1,030 円、Family 票 1,440 円。
- 備註：Pair 票和 Family 票適用於 2 位大人或 1 位大人加 2 位小孩；Family 票適用於 3 位大人或 2 大 2 小或 1 大 4 小。

福岡 1 Day Pass 乘車券

搭乘範圍包含西鐵大牟田線的福岡天神站到西鐵柳川之間，包含這中間的太宰府線、甘木線；巴士部分可以搭乘的範圍有福岡、久留米，甚至到佐賀一帶。

只要搭乘高速巴士跨縣市到佐賀或久留米去玩就會回本，但如果只在都心玩則不推薦。使用方式是刮除票券上當日的銀漆，在出入各站時出示給站務人員查看。

- 票價：大人 2,060 円、小孩 1,030 円。

觀光巴士

FUKUOKA OPEN TOP BUS

這是遊覽福岡市內的敞篷雙層巴士、遮光避雨，有 3 種不同路線行程可選擇，每種路線的費用都是成人 1,540 円、兒童（4 歲以上至小學生）770 円。在福岡市政府 1 樓的乘車券櫃檯（福岡市中央區天神 1-8-1）可以購買到車票，若是在天神・福岡市政府前搭車，可以事先預約，同一個路線允許一日無限搭乘，要注意的是，遊客太多的情況下，也可能中途車內滿座無法再上車。

路線	景點	發車時刻	所需時間
百道濱路線	天神・福岡市政府前→福岡塔→大濠公園前→大濠公園・福岡城跡→天神	09:30、11:30 14:00、16:00	大約 60 分鐘
博多街景路線	天神・福岡市政府前→博多車站→櫛田神社→大濠公園・福岡城跡→天神	10:00、12:00 14:30、16:30	大約 70 分鐘
福岡靚麗夜景路線	天神・福岡市政府前→博多車站→福岡塔→ Hilton Fukuoka Sea Hawk hotel →天神	18:00、19:00	大約 80 分鐘

GREEN BUS

GREEN BUS 1 日券可無限搭乘劃分區域內的巴士，太宰府範圍則是加上從市區到太宰府的路線，範圍從福岡機場、朝日啤酒園到福岡瑪麗諾亞城等。公車外型像是樹叢一般綠綠的很好認。使用方式是刮除票券上當日的銀漆，在下車時出示給司機查看即可。

・票價：成人 750 円、兒童 380 円；太宰府版本成人 1,500 円、兒童 750 円。

西鐵電車天神站出來的巴士站牌

GREEN BUS 站牌

GREEN BUS 車內

GREEN BUS 外觀

西鐵巴士一日乘車券

西鐵巴士

博多市

博多原本是面對博多灣的港灣都市，藉著地利之便成為一個繁榮的商業自治都市，直到江戶時代的大名（較大地域的領主）黑田氏入主、建立了福岡藩，爾後在明治時代博多與福岡才被合併為福岡市，博多則成為其中一個區。

櫛田神社

歷史悠久的博多櫛田神社，供奉著三位神明，分別是大幡大神、天照皇大神，以及素盞嗚大神。據說通常櫛田宮祭拜的是櫛田姬及其丈夫素盞嗚大神，原因眾說紛紜，但其保佑商業繁榮、長壽不老。

櫛田神社

櫛田神社鳥居　　櫛田神社手水舍：　祇園祭的山笠　　抽籤詩
　　　　　　　　參拜淨手處

櫛田神社參拜處　　　　　櫛田神社內

試石

　　櫛田神社依照日本的習俗，一年中舉辦許多祭典，像是節分、祇園山笠、博多おくんち（發音 Okunchi，類似豐年祭）、七五三節等，就連跟櫛田神社完全沒關係的博多どんたく（發音 Dontaku）也設定由此處為出發點，櫛田神社的地位儼然已經不只是信仰，而是福岡市民的生活重心。

　　踏入神社馬上就會被迎面而來的大樹給震懾住，樹齡超過千年的杏樹，被福岡縣指定為天然紀念物。再往裡面走會看到祇園祭的山笠，也就是臺灣所說的神轎。神轎上的人偶與裝飾都是師傅手工打造，一年一度的祇園祭結束後就會移到此處展示，每年都可以看到不同的神轎。

Data

> 櫛田神社
> ◎ 地址：福岡市博多区上川端 1-41
> ◎ 交通：市營地下鐵「中洲川端」或「祇園」站，步行約 10 分鐘。
> ◎ 開放時間：04:00 ～ 22:00
> ◎ 票價：免費

常見的御守及飯匙御守

祇園祭

祇園祭

　　博多的祇園祭起源，據說是在鎌倉時代為了祈求博多的流行病疫情好轉，後來又與京都祇園祭的神轎文化結合，而成了現在的博多祇園祭，與博多 Donntaku 並稱。在博多的街上會出現只穿著褲襠的日本男子，肩托重達1噸、名叫「山笠」的祭禮用神轎遶境，讓許多遊客、外國旅客看得瞠目結舌。

　　山笠的神轎曾經高達 10 公尺，在明治時期因為架設的電線被花車纏繞、弄斷，一度曾被提議是否要中止，後來就分為「舁山」和「飾山」，前者是扛在肩上跑的神轎，高度大約 4.5 公尺左右，後者是擺飾用的神轎，所以高度可以維持在 3 層樓內。

　　神轎上有各式各樣主題的人偶，都是由日本的老師傅們製作，據說過程中完全不使用釘子，將人偶組裝到神轎上而不掉落，想必是老練的技術和高超的工藝所完成。神轎的主題橫跨傳統的武士和現代當紅動漫主角（哆啦A夢、我們這一家等），活動結束後會擺放在櫛田神社裡，一整年內隨時都可以參觀。

祇園祭活動進行

 Data

祇園祭
◎ 地點：櫛田神社
◎ 開放時間：7 月 1 ～ 15 日
◎ 網址：www.hakatayamakasa.com

1-3 各式各樣的祇園祭山笠

「博多町家」故鄉館

從櫛田神社正門出來不到 3 分鐘的路程，馬上就會看到博多町家的招牌，還有人力車。從神社開始看到的第一館是土產販賣處、第二館是町家棟、最遠的第三館是展示棟，建議從最遠的展示棟開始逛起！

不說還不知道，博多遠早在中國北宋時代前，就持續都有與日本以外的國家進行貿易，可以說是一個繁茂的商業都市，並且由町人自治管理；福岡則是後來才由大名建立、武家管理，風情與博多截然不同。直到明治時代廢藩置縣，博多才和福岡合併成為福岡市，然而在當時為了名稱要叫做博多市或福岡市，起了很大的紛爭。或許因此，博多老一輩的人們才想要建立一個專門介紹博多生活的故鄉館，讓大家在展示棟中一窺尚未受到福岡文化改變前的博多風貌。

進入展示棟需要門票 200 円，展示棟主要在介紹博多人從明治時期到大正時期的生活方式和環境。館內可以看到博多發展的年代表、再現古街道和祭典的精緻模型，還有博多出身的名人介紹，特別的是 1 樓的博多方言電話筒，把耳朵靠上去可以聽到話筒傳來博多的方言，十分有趣。來到 2 樓會看到博多的傳統工藝品，其中傳承工房每天都會有兩場體驗活動，可以在當天活動時間開始前半小時報名參加。

博多人形

據說是在建造福岡城時，製作福岡城瓦片的工匠，以製瓦片的陶土材料製作了人偶娃娃，獻給福岡初代藩主而來。體驗活動中可以親自為美女人偶上色，乾燥後再帶回家。

博多張子

利用竹子、木材或黏土製作形狀後，在外部貼上一層又一層的紙，待紙乾燥成形再把內裡拿掉，呈現中空狀態的模型，接著於外層上色。有各式各樣的外型，是祈求好運的玩偶。

博多獨樂

日文中的獨樂其實就是陀螺，由於在日本有使用陀螺來表演的「曲獨樂」，因此不像一般常見的陀螺，這裡的陀螺有許多造型及繽紛色彩。

「博多町家」故鄉館

館前的人力車

1-2 展示棟外的表演

博多曲物

　　日文中的「曲物」，就是用削薄的木材製成圓形的容器，再加上一些裝飾，現在大多作為便當盒，或是裝茶葉的罐子。

　　在博多會舉辦「ポッポ膳」，是讓滿 3 歲的小孩第一次拿筷子，正式開始自己吃飯的慶祝活動。在慶祝活動中，會使用妝點著松竹梅、鶴或龜等吉祥圖畫的「曲物」裝食物。

星期	五～一	二		三	四
項目	博多人形	博多張子		博多獨樂	博多曲物
內容介紹	美女人偶	老虎	達摩玩偶	白木陀螺	容器
第一場	10:00 ～ 12:00				
第二場	14:00 ～ 16:00				
費用	1,000 円	800 円	800 円	1,000 円	400 円
所需時間	約 60 分鐘	約 60 分鐘	約 60 分鐘	約 40 分鐘	約 60 分鐘

＊繪畫體驗須先在土產販賣處購買體驗的材料，再至展示棟
　2 樓的工藝品角落體驗。

＊博多張子（老虎、達摩玩偶）與博多曲物（杯餐墊、書籤）
　可二選一，若是兩種都要體驗則會再便宜 200 円。

　　在町家棟可以看到博多織的大師織布，還可以進一步在大師的指導下體驗、操作機器手織博多織（每日 11:00 ～ 13:00、15:00 ～ 17:00），雖然在場織的布料不能帶回家，但拍拍照片、過過乾癮也是很棒的。

　　來到土產販賣處可以看到博多人偶、博多織、博多曲物等高價的土產，還有比較親民的「二〇加」煎餅、博多的傳統零食、明太子等。

「博多町家」故鄉館
◎ 地址：福岡市博多区冷泉町 6-10
◎ 交通：市營地下鐵「中洲川端」或「祇園」站，步行約 10 分鐘。
◎ 開放時間：10:00 ～ 18:00，入館最後時間為 17:30。
◎ 公休：12 月 29 ～ 31 日；另有臨時休館，請上官網確認。
◎ 展示棟票價：200 円（20 人以上團體，150 円／人，中學生以下免費）
◎ 網址：www.hakatamachiya.com

萬行寺

　　從櫛田神社附近步行不到 5 分鐘就可以看到萬行寺，位在福岡市區卻不可思議廣大的「墓園」。一般來説，日本只有在較鄉下的地區，才會一抬頭就看見墓地，日本人也不全都排斥住在墓地附近，原因之一是墓園都會和寺廟並存，而寺廟的工作人員會整理墓園不至於荒廢。

莊嚴的門

　　萬行寺特別的地方是名娼「明月尼」之墓，據説明月因父母雙亡、許配的對象也過世，淪為博多有名的娼妓，生平熱中參拜奉養等佛教活動，於 22 歲病逝、入墓後的第四十九天，從她的墳墓裡長出一朵白蓮，挖開墳墓一看竟是由她的口中長出，而遺體看起來還像活著一樣。

萬行寺石碑

Data

　萬行寺
◎ 地址：福岡市博多区祇園町 4-50
◎ 交通：市營地下鐵「祇園」站，
　　步行約 3 分鐘。

萬行寺

萬行寺門口

貓頭鷹的店　フクロウのみせ博多店

　　在川端通商店街逛街時，請留意一家神祕、低調的小店，無法從外觀玻璃直接看到店內，但它其實是一間特別的咖啡店──貓頭鷹咖啡店。

貓頭鷹的店

　　店內沒有放置電話，所以無法電話預約，只能現場跟店員預約當天的服務，以每個整點為開始，而並非從入場開始計時。官方網頁上會公布每月「出場」的貓頭鷹，收費以 1 小時一杯飲料為一單位，成人一杯飲料 1,500 円、酒精飲料 1,700 円，國小以下（需有大人陪同）一杯飲料 1,000 円。飲料的續杯價格是無酒精飲料 300 円、含酒精飲料 500 円，店內不提供食物。飲品費用包含和貓頭鷹互動、拍照等，所以不會有其他追加費用。

2 樓餐廳區

　　入店後會先請客人點飲品，再用酒精消毒雙手，接著會有約 10 分鐘的介紹時間（包含在 1 小時內），之後的 50 分鐘內可以拍照、觸摸貓頭鷹，也可以請工作人員幫忙讓貓頭鷹站在肩膀、手上，甚至是頭上。時間結束後可以繼續在店內選購雜貨和相關商品。

飲料杯也很可愛

請特別注意，店內嚴禁使用閃光燈，因為貓頭鷹屬於夜行性動物，閃光燈會嚇到貓頭鷹且傷害到牠們的眼睛，再者牠們隨時有可能上廁所，介意的人要多注意。

 Data

フクロウのみせ博多店
◎ 地址：福岡市博多区上川端町 4-211
◎ 交通：市營地下鐵「中洲川端」或「祇園」站，步行約 5 分鐘。
◎ 電話：店內沒設電話，需要現場預約。
◎ 營業時間：週二至週五 12:00 ～ 20:00，週六、週日 11:00 ～ 20:00。
◎ 公休：週一（若週一遇到節日則週二休）
◎ 網址：www.owlfamily.co.jp

貓頭鷹相關商品

店員耐心地教導如何與貓頭鷹相處、互動

也可以把貓頭鷹放在頭上拍照

1-4 店裡有各式各樣的貓頭鷹

博多 Dontaku 舞蹈祭典

　　Dontaku 一詞的由來是荷蘭語的禮拜天「Zondag」，原本叫做博多松囃子，有點類似臺灣的財神爺拜年活動，參加者會拿著太鼓、吹著笛子，組成遊行隊伍，歡騰一時。但是在明治時期一度被禁止，為了讓這個活動復活，改用「禮拜天」這個名稱，避開政府追查、重振祭典。

　　除了原本的三福神（福神、惠比須、大黑），以及小孩子們的舞蹈團體，還加上了大型的花車、來自福岡各個學校的樂隊，如九州大學、福岡大學，以及傳統舞蹈振興會、從九州各個縣市來參加的隊伍，甚至泰國、馬來西亞等國外的隊伍也來共襄盛舉。

Dontaku 廣場

Dontaku 還推出了宣傳花車

西日本新聞也出場，是個宣傳的好機會

Data

　博多 Dontaku 舞蹈祭典
◎ 地點：福岡市博多区內各處
◎ 遊行起始點：明治通與吳服町交叉口（福岡市博多区綱場町 2）
◎ 遊行終點：福岡市役所（福岡市中央区天神 1-8-1）
◎ 博多區演舞臺：博多区保健福祉センター駐車場（福岡市博多区博多駅前 2-19-24）
◎ 祭典本舞臺：福岡市役所前廣場（福岡市中央区天神 1-8-1）
◎ 遊行時間：每年 5 月 3～4 日（實際遊行時間請參考官網）
◎ 網址：www.dontaku.fukunet.or.jp

小孩子們打頭陣

福岡各個學校推出的樂隊、舞蹈表演

飯匙舞

請到當年的泰國小姐

阪急百貨裡的商店　阪急百貨樓層指南

燕林廣場的「星門」　第二代博多站月臺內 100 年前的柱子

博多車站百貨公司

在日本，車站往往會與商業用途的百貨公司或飯店結合，讓最常被使用的車站不只是一個中繼點，而產生更大的價值。博多車站的車站大樓是個眾多百貨公司的結合體，有博多城、Amu Plaza、阪急百貨、東急手創館等，還有電影院 T・JOY，樓層面積超過 20 萬平方公尺，可說是日本國內最大規模的車站大樓。這個超大型百貨大樓，總計有超過 500 間以上的店鋪，還有包山包海的各式異國餐廳，如果想要瘋狂購物又不想走太遠，這裡是最佳選擇。

燕林廣場（博多車站頂樓廣場）

在這個廣場中有精心設計的小型鐵道神社、表參道、列車瞭望區、天空廣場，以及付費搭乘的迷你電車，完全就是為了家庭出遊的旅客所設計，當媽媽、姐姐在瘋狂血拼的同時，可以讓爸爸帶著小孩來頂樓玩耍，還會不定期舉辦各種體驗活動。

・**鐵道神社**：可以祈求旅途平安，鐵道神社的鳥居順序是星門、福門、夢門。星門是去除厄運、福門是招福、夢門則是結下良緣，期許旅途中也能碰上貴人。

緣結び七福童子

鐵道神社

展望臺望下的風景

鯉魚旗

Data

燕林廣場
◎ 地址：福岡市博多区博多駅中央街 1-1
◎ 交通：JR 博多車站頂樓
◎ 開放時間：商店 10:00 ～ 21:00，餐廳 11:00 ～ 23:00，部分餐廳到 23:00
　以後仍營業。頂樓庭園（RF）10:00 ～ 23:00，可能因氣候而暫停營運。
◎ 網址：www.jrhakatacity.com

· **表參道**：兩旁有許多美食攤位和特產店，是模仿神社附近的商店街所設立，由於日本沒有路邊攤，沒有真的拜訪神社卻要享受神社商店街的氣氛非此莫屬。

· **列車瞭望區**：若是鐵道、火車迷那就更適合來到這裡了，在列車瞭望區可以俯視博多車站內的列車來來去去，以難能可貴的角度欣賞列車不同的姿態。

· **天空廣場**：有各種動物造型的植栽和花圃，還曾舉辦採花生的體驗活動，採下的花生當場煮成咖哩享用。

· **迷你列車**：為 JR 九州設計了許多列車、甚至車站的工業設計師水戶岡銳治，替燕子廣場設計的迷你燕子號電車就行駛於天空廣場。搭乘費用 200 円（2 歲以下幼兒免費，但需大人陪同才能搭乘），營業時間假日 10:00 ～ 18:00、平日 11:00 ～ 18:00，14:30 ～ 15:30 停止運作。

· **展望臺**：高度約 60 公尺的展望臺，可將福岡的街道、遠方的山貌，以及博多灣盡收眼底，適合在這裡拍張紀念照。另外還有可自由活動的愛犬園地，鋪有草坪供小型犬玩樂的設施，如果有帶寵物來玩的朋友，也可以到這邊遛遛。

博多運河城

室內

門口

表演場地

博多運河城

　　博多運河城正如其名，在偌大的購物商場中央有一條人工運河，整座購物中心的 B1 設有 SUN PLAZA 舞臺，周末時會舉行樂團表演；每個整點人工運河都會有噴水秀。

　　福岡有許多百貨公司，但來到運河城尤其可以一次滿足各種需求，在運河城內除了日系服飾，還有動漫周邊的專賣店、三麗歐專賣店、迪士尼專賣店、美系休閒品牌服飾等。

　　城內有電影院、劇院、拉麵店、各種日式或西洋料理。每週三是女子之夜，例如看電影會比平常便宜 700 円、各店鋪也會有不同的折扣，推薦女性可以特別挑週三來逛街。

　　在運河城內還有免費的 Wi-Fi 可以使用，只要搜尋 CANAL_CITY 名稱的訊號，並同意該服務的使用條款就能使用，使用條款有日、韓、英、繁中、簡中可以選擇。

拉麵競技場

　　特別要介紹 5 樓的拉麵競技場，集合九州各地，以及札幌、仙台等 8 間拉麵名家，看得眼花撩亂。在這競技場中的

噴水秀

從高樓層往下也可以看到表演

迪士尼專賣店

裝飾

拉麵店家會不定期更換，至今已有超過 80 個來自日本全國的店鋪進駐，所以就不特別介紹其中的店家，但能從初代在此經營至今的拉麵店確實非常厲害！

　　整個競技場營造出一種昭和時代的樸質感，但點菜方式卻十分現代，每一臺拉麵券販售機都貼心提供中、英、日、韓四種語言，即便不會說日語也可以輕鬆點菜。另外，各個店鋪會針對國外旅客推出贈品，只要向店員出示護照就可以獲得溫泉蛋、加一球麵，或是日式煎餃一盤（並非每間都有）。

　　特別要提醒，臺灣人心中最著名的一蘭拉麵反而在 B1，想吃的遊客可以直奔 B1。

Data

博多運河城
◎ 地址：福岡市博多区住吉 1 丁目 2
◎ 交通：市營地下鐵「中洲川端」站，步行約 10 分鐘。
◎ 開放時間：10:00 ～ 21:00，餐廳營業時間 11:00 ～ 23:00，各店鋪營業時間有些微差異，詳情請上官網確認。
◎ 公休：全年無休
◎ 網址：canalcity.co.jp.t.jx.hp.transer.com

拉麵競技場
◎ 地點：博多運河城 5 樓
◎ 營業時間：11:00 ～ 23:00，最後點餐時間為 22:30。
◎ 公休：全年無休
◎ 網址：canalcity.co.jp/ra_sta

博多座門口

博多座室內

售票處

過去的公演海報

博多座

在地下鐵中洲川端站附近，福岡亞洲美術館旁邊的博多座，是全日本著名的劇場，在這裡演出的包括舞臺劇、歌舞劇、音樂劇、日本傳統演歌、相聲等。博多座可容納高達一千個以上的席位，即便坐在後段的席位也不會被前方的人擋住，可以感受到現場生動且精采的劇場演出，堪稱九州最大的劇場；還有配合傳統演劇的曲目特別設計的舞臺，甚至可以吊鋼絲等，如此規格的舞臺全日本只有博多座才能看得到。

一踏入大廳有種踏進飯店的錯覺，在服務上也十分貼心，提供保暖的小毛毯及觀劇望眼鏡等多種免費和收費的服務。表演開始後不能使用手機、相機等能夠複製作品的電子用品，尊重表演者與當個有水準的觀眾一定要避免這些行為，裡面工作人員也不少，對於這方面可是很注意的喔！此外，觀眾席 1 樓的設計有時可以作為延伸舞臺來使用，舞臺與觀眾席有連成一體的互動感。

Data

博多座
◎ 地址：福岡市博多区下川端町 2-1
◎ 交通：市營地下鐵「中洲川端」站即達。
　西鐵巴士「川端町‧博多座前」下車即達，
　或「天神」下車，步行約 10 分鐘。
◎ 電話：092-263-5555
◎ 購票方式：網路購票，24 小時；電話購票，
　週一至週日 10:00～18:00；現場窗口購票，
　10:00～18:00。
◎ 開放時間：依節目而異
◎ 公休：依節目而異
◎ 票價：依節目而異
◎ 網址：www.hakataza.co.jp

川端通

　　參觀完附近的櫛田神社，可以從神社後門出去，直接通往川端商店街，門口有一些販賣點心的小商店，也有可以直通博多運河城的電梯。如果仍有腳力，可以一路逛去天神的商圈，是交通非常方便的商店街。最棒的是上方有屋頂覆蓋，不管晴天、雨天都可以盡情逛街。

　　有計畫來川端通商店街的旅客們，建議盡量於晚上 8 點前抵達，若太晚就只能看到拉下的鐵門囉！

　　商店街有許多飲食餐廳供選擇，女生愛逛的藥妝店在地下鐵出口剛好有一家（靠近西端），不過建議想多逛、多比價的遊客可以到天神區，會有比較多藥妝店可選擇。商店街裡還有一家豆腐類製品名店——盛田屋，很多女生會來此買豆腐面膜等保養品（價格約 2,160 円），附近還有 100 円商店，可以來這邊挖寶。

川端通

地下鐵中洲川端通站

 Data

　川端通
◎ 地址：福岡市博多区上川端町 6-135
◎ 交通：市營地下鐵「中洲川端」站即達。

豆腐的盛田屋

賣山笠用品的商店

川端通上展示的山笠（神轎）

上川端通入口處的川上音二郎像

七夕時的川端通街景

旁邊的博多川

川端通附近的屋台料理

西鐵天神車站（北口）　　天神 Solaria Plaza 百貨公司

天神地下街

1-3 地下街的商店

天神地下街

　　第一次來到天神地下街時，會有這裡比臺北地下街還長的錯覺，實際上天神地下街少於 600 公尺，只有臺北地下街的三分之二，卻連接機場、七隈 2 條地下鐵線，同時還連接西鐵高速巴士福岡站、西鐵福岡（天神）站、市區巴士客運大樓，滿滿的人潮帶來錢潮，兩側商店林立，是全九州規模第一的地下街。

　　全區分成東西兩邊、1 ～ 11 號街，商店與餐廳沒有特別區分位置，商店類型包含男女裝、珠寶首飾、眼鏡、美妝品、生活用品等，還有免稅店，甚至某些商店是全九州僅這裡才有。

　　讓人驚豔的還有內部裝潢，石磚地板、彩繪玻璃，商店招牌也是歐風的小木板。

　　喜歡日系風格的襪子可以來到靴下屋（2 號街）、Fukusuke（5 號街）；項鍊耳環等飾品可以到 Lattice（2 號街），生活雜貨可以到 salut!（2 號街）；專攻美妝藥品可以到大賀藥局（6 號街）、MatsumotoKiYoshi（11 號街）等，建議在詢問臺拿一份地圖導覽，有中、英、日、韓版本。

Data

天神地下街
◎ 地址：福岡市中央区天神 2 地下 1 ～ 3 號
◎ 地址：西鐵電車「福岡（天神）站」；市營地下鐵「天神」或「天神南」站下車。
◎ 開放時間：商店 10:00 ～ 20:00，
　餐廳 11:00 ～ 21:00，各店鋪有所不同。
◎ 網址：www.tenchika.com

PARCO 百貨

　　是日本的大型連鎖百貨公司，在九州僅於福岡和熊本展店，共 8 層樓，與隔壁兩棟間有連結通道。B1 是餐廳、咖啡館等，有販售迪士尼（B1）、懶懶熊（8 樓）、史奴比（8 樓）等玩偶的區域，此外多是女性服飾。

　　PARCO 全館內也提供免費 Wi-Fi，只要搜尋 atPARCO 的訊號，連結後再開啟網頁登錄使用者條款即可使用。另外還有 atPARCO-Facebook 可利用，在搜尋到該訊號的地方，連結後點開網頁就會到 PARCO 百貨的臉書專頁，按讚或打卡即可免費使用 Wi-Fi。

PARCO 百貨室內

 Data

　　PARCO 百貨
　◎ 地址：福岡市中央区天神 2-11-1
　◎ 交通：西鐵「福岡（天神）」站北側票口即達。
　◎ 電話：092-235-7000
　◎ 開放時間：10:00 ～ 20:30（各樓層有所不同）
　◎ 網址：fukuoka.parco.jp/page2

天神 CORE 百貨（白天）

天神 CORE 百貨

　　從西鐵福岡站一出來馬上就會看到的百貨公司，以女性服飾為主，內有超過 50 家商店，鎖定年輕人的喜好，有許多常見的日系品牌，B2 ～ 3 樓是女性服飾；4 樓還有生活百貨與鞋襪；5 樓是 ABC-MAR；6 樓有男性服飾；7 樓是餐廳與咖啡館；8 樓是服飾區。

 Data

　　天神 CORE 百貨
　◎ 地址：福岡市中央区天神 1-11-11
　◎ 交通：西鐵「福岡（天神）」站即達。
　◎ 電話：092-721-8436
　◎ 開放時間：10:00 ～ 20:00，7 樓餐廳層 11:00 ～ 22:30。
　◎ 公休：1月1日，休館日有可能變更，詳情請上官網確認。
　◎ 網址：www.tenjincore.com

天神 CORE 百貨（夜晚）

天神中央公園

　　在高樓大廈林立的天神，這裡又被稱為都會的綠洲，公園正中央的草地可以用來野餐，逛街逛累了也可以休息一下，沿著河川周邊種著許多山櫻及染井吉野櫻。

　　這裡原本是舊福岡縣廳，由於行政需求，老舊縣廳漸漸不敷使用，將新的縣廳設置於另一座公園，此處才被改建，於 1989 年左右完工，占地 31,000 平方公尺。

舊福岡縣公會堂貴賓館

Data

舊福岡縣公會堂貴賓館
◎ 地址：福岡市中央区西中洲 6-29
◎ 交通：市營地下鐵「中洲川端」
　　站，步行約 5 分鐘。
◎ 開放時間：09:00 ～ 17:00
◎ 公休：週一、12 月 29 日到隔年
　　1 月 3 日。
◎ 票價：大人 240 円、15 歲以下
　　兒童 120 円。
◎ 網址：tenjin-central-park.net

　　2 層樓的木造建築物，外觀很像執事系列漫畫當中會出現的歐式風格，外牆則以瓷磚等工法模擬出石材造型，建築物的一邊是一座八角形的高塔，在現代感強烈的都市中心格外醒目。

　　建於 1910 年，作為「第十三屆九州沖繩八縣連合共進會」迎接來賓的招待所使用，爾後還曾當作日本天皇皇太子在民間巡視時的下榻之處，在 1984 年被列為國家級重要建築物文化財。

中央公園裡的公會堂貴賓館

舞鶴公園

　　以福岡城本丸的遺跡為中心的舞鶴公園內，除了福岡城的遺跡，還有兩所中學、鄰近福岡市立美術館，是一處美麗的世外桃源。在這裡種植有將進 500 棵、大約 18 個不同品種的櫻花，花期是 3 中旬以後到 4 月下旬之間，每年會於花期舉辦「櫻花祭」，夜間也有點燈。此外，還有牡丹芍藥園、藤樹棚、菖蒲花園、梅園等，一年四季都可享受美好的芬芳。

　　在公園內有網球場、棒球場、寬廣可作為足球場的場地等，適合親子一起出遊。

Data
舞鶴公園
◎ 地點：福岡市中央区城內 1
◎ 交通：市營地下鐵「赤坂」或「大濠公園」站，步行約 8 分鐘。
◎ 票價：免費
◎ 網址：www.midorimachi.jp/park/detail.php?code=302001

福岡城跡

　　福岡城跡在明治時期廢藩置縣令後，許多建築物被解體或遭移建，爾後又經過爆炸、大火、修復工程等，城郭幾乎都已消失，沒有熊本城那般城堡的感覺，現存的僅有潮見櫓、多門櫓、石垣、內濠等，反而比較像大量石頭堆疊而成。雖然壯觀的城郭已不復存在，非常可惜，但福岡城上有一個觀景臺，可以俯瞰周邊風景。

1-2 福岡城跡及其望下的風景

福岡城むかし探訪館

　　在探訪館內，使用動畫再現過往的福岡城，並介紹築城的黑田父子與其家臣事蹟，還以立體模型重現江戶時代的福岡，提供免費入館，喜愛日本歷史及名城的朋友們不能錯過。

Data

福岡城跡
◎ 地點：舞鶴公園內
◎ 公休：無，自由參觀。
◎ 票價：免費

福岡城むかし探訪館
◎ 地點：舞鶴公園內
◎ 開放時間：9:00 ～ 17:00，夏天開放至 19:00。
◎ 公休：12 月 29 日到隔年 1 月 3 日。
◎ 票價：免費
◎ 網址：fukuokajyo.com

舞鶴公園＆武士

名島門

護國神社

　　同樣是祭祀著從明治維新後因戰爭而逝世的英靈，護國神社在日本各縣皆有設立，原則上一縣僅一座護國神社，是由該地民眾建立，主要祭祀各自區域內因戰爭而逝去的英靈。在福岡這裡是祭祀著福岡藩主黑田長知為首，自明治維新以來約 13 萬左右的英靈，類似臺灣的忠烈祠。除了一般常見的成人祭、節分、七五三等，還有戰災日祭、明治祭、慰靈安鎮祭典等其他神社不會舉辦的祭祀活動。

Data

護國神社
◎ 地址：福岡市中央区六本松 1-1-1
◎ 交通：市營地下鐵「大濠公園」站，步行約15分鐘，或「六本松」站，步行約 8 分鐘；西鐵巴士（6、7、12、113、114、200、201、202、203、204 號）「護國神社」；（6-1、13 號）「福岡城・NHK 放送センター入口」即達。
◎ 網址：fukuoka-gokoku.jp

遠望護國神社

護國神社內部

鳥居

平和之像

福岡 NHK 放送局

　　日本放送協會 NHK 相信大家都不陌生，平常在臺灣的有線臺也能看到 NHK 的各種節目，在日本各地都有 NHK 放送局分館。福岡 NHK 放送局有另外開放提供觀光客入內參觀及體驗設施，1 樓可以角色扮演主播、導播等，並免費拍照，還有劇本和一些攝影小道具。

　　推薦一定要去局內的 2 樓，那裡展示著從日本昭和時代開始到現在每齣晨間劇、大河劇的海報，可以數數看自己看過多少日劇喔！

福岡 NHK 放送局

Data

福岡 NHK 放送局
◎ 地址：福岡市中央区六本松 1-1-10
◎ 交通：市營地下鐵「六本松」站，步行約 8 分鐘，或「大濠公園」站，步行約 13 分；西鐵巴士（6-1、13 號）「福岡城・NHK 放送センター入口」即達。
◎ 電話：092-724-2800
◎ 開放時間：09:00 ～ 18:00
◎ 網址：www.nhk.or.jp/fukuoka

體驗主播角色扮演

1-2 像這樣擺好姿勢，可以轉播在電視螢幕上　過去的戲劇展示海報

福岡市美術館

　　地點位在大濠公園中間，周邊有福岡 NHK 放送局、護國神社等，除了在大濠公園散步，若想更進一步享受美術鑑賞的樂趣就來這裡吧！美術館外部有許多藝術雕像，還有草間彌生的大南瓜，在臺灣展出的草間彌生展禁止拍照，包括那顆點點大南瓜，來這裡不僅能拍照，還能感受更多藝文氣息，受益良多喔！

Data

福岡市美術館
◎ 地址：福岡市中央区大濠公園 1-6
◎ 交通：市營地下鐵「大濠公園」站，步行約 10 分鐘，或「六本松」站，步行約 10 分鐘；西鐵巴士「城內美術館東口」或「福岡城‧NHK 放送センター入口」或「赤坂 3 丁目」下車，步行約 5 分鐘。
◎ 電話：092-714-6051
◎ 開放時間：09:30 ～ 17:30，受理入館到 17:00。7 月到 8 月除了週日及假日，入館時間到 19:30 為止，受理入館到 19:00。
◎ 票價：大人 200 円；高中、大學生 150 円；中學生以下免費；有團體優待票。
◎ 網址：www.fukuoka-art-museum.jp

福岡市美術館

美術館展示作品

草間彌生的南瓜作品

大濠公園

　　位在舞鶴公園的旁邊，以福岡城為中心有眾多的史蹟，公園的主體是一座大湖，繞湖走完整個公園可能要花上 1 小時，跨越湖的兩端是四道橋，以及在湖中央的三座小島，有人在划船、餵魚、野餐，充滿舒暢的氣氛。原本是黑田藩主作為福岡城的護城河使用，在明治年間廢藩、福岡城失去作用後，才轉型改建成公園。

　　每年 8 月 1 日在大濠公園舉行的西日本大濠花火大會，雖然不是福岡縣內最大的煙火大會，但由於交通便利、位在市區，是福岡縣內人氣第一的煙火大會，依照往年的發射枚數約有 6,000 發左右。

1-3 大濠公園

> **Data**
>
> 大濠公園
> ◎ 地址：福岡市中央区大濠公園 1-2
> ◎ 交通：市營地下鐵「大濠公園」站即達；或是西鐵巴士「大濠公園」
> 　　下車。
> ◎ 網址：www.ohorikouen.jp

大濠公園裡的星巴克

福岡巨蛋

　　在 1993 年啟用的福岡巨蛋是日本第一也是唯一帶有開放式屋頂的棒球場，為日本五大巨蛋之一，其他另外四個巨蛋分別在札幌、東京、名古屋及大阪。福岡巨蛋可容納超過三萬人，這裡會舉行棒球賽，國內外的歌手也曾在此舉行演唱會，如 AKB48、安室奈美惠、濱崎步、福山雅治、東方神起、BIGBANG、瑪丹娜、邦喬飛等，於 2005 年被雅虎日本收購後，2014 年改名為福岡 Yafuoku! 巨蛋。

> **Data**
>
> 福岡巨蛋
> ◎ 地址：福岡市中央区地行浜２２２
> ◎ 交通：市營地下鐵「唐人町」站，步行約 12 分鐘。西鐵巴士「ヤフオクドーム前」或「九州醫療センター」或「ヒルトン福岡シーホーク前」下車即達。
> ◎ 開放時間：依巨蛋活動及賽程而異。
> ◎ 票價：門票價格因席次而異。
> ◎ 網址：www.softbankhawks.co.jp/stadium

4-5 福岡巨蛋

福岡塔

福岡塔（白天）

福岡塔（晚上）

　　高度達 234 公尺，是全日本眾多高塔中鄰近海岸最高的塔，與一般底寬頭尖的塔不同，為直立且正三角形的外觀，比起印象中的鐵塔更像辦公室大樓，整棟都是玻璃帷幕，無死角的落地窗讓福岡市的美景一覽無遺。而福岡塔作為電波塔使用，類似臺北 101，只有幾個樓層提供觀光客參觀，非相關人員無法進入其他樓層。

　　1 樓主要是販賣福岡塔紀念品、各式土產的商店，以及售票處；2 樓是提供出租使用的演講廳、會議室等；4 樓是可 360 度觀賞美景的 Refuge 餐廳。

　　3 樓是「戀人的聖地」，落地窗邊有掛滿愛情鎖的欄杆，可以在 1 樓售票處或 3 樓販賣機購入愛情鎖，販賣機旁有提供麥克筆讓戀人或夫妻寫下兩人的姓名或情話，再挑個欄杆上鎖。請特別注意，這個鎖沒有附鑰匙，上鎖就打不開了，千萬別鎖錯地方啊！

　　5 樓就是最頂端的展望室，福岡塔的三面中有一面是對著海灘，白天可看到湛藍海岸，晚上則有夜景能欣賞。從 1 樓搭乘電梯到達最頂端只要 70 秒鐘，若要回到 1 樓則必須從 3 樓的「戀人的聖地」搭乘電梯。

Data

福岡塔
◎ 地址：福岡市早良区百道浜 2-3-26
◎ 交通：搭乘西鐵巴士（14、15、24、204、151 號）「福岡塔南口」下車，步行約 3 分鐘。市營地下鐵「西新」站，步行約 20 分鐘。
◎ 電話：092-823-0234
◎ 開放時間：09:30 ～ 22:00，最後入館時間為 21:30。
◎ 公休：6 月 20 ～ 21 日。
◎ 票價：

	大人	中、小學生	幼兒（4 歲以上）	老人
一般旅客	800 円	500 円	200 円	500 円
團體（25 名以上）／外國旅客	640 円	400 円	160 円	-

◎ 網址：www.fukuokatower.co.jp

1~3 福岡塔俯瞰的風景

趣味拍照處　　　　　搭乘電梯　　　　　　售票處

4樓的「戀人的聖地」　　籤詩綁結處　　　　愛情鎖　　　　　　離開前別忘選購福岡塔紀念品

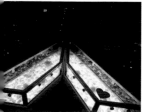

戀人的 bench

百道海灘

海濱公園

百道海灘

　　位在福岡塔北側的百道海灘是一座人工海灘公園，長約 1 公里左右，面向海邊的右側可供遊客游泳，左側因不時有船隻入港則禁止游泳。此處沙灘排球、沙灘足球等運動都十分盛行，白天可以看見比基尼辣妹及陽光男孩，夜晚則可以欣賞絢爛迷人、映照於海面上的都市夜景，無論白天還是夜晚，都是福岡市屈指可數，適合約會的熱門景點。

　　岸邊還提供免費的冷水淋浴處，在海灘中央有休息所，內有溫水淋浴間，一次 3 分鐘 100 円。

Data

　　百道海灘
　◎ 地點：福岡市中央区地行浜 2～4 丁目、早良区百道浜 2～4 丁目
　◎ 交通：西鐵巴士「福岡塔南口」，步行約 5 分鐘。市營地下鐵「西新」站，步行約 20 分鐘。
　◎ 電話：092-822-8141
　◎ 網址：www.marizon-kankyo.jp/beach.html

海濱娛樂城 Marizon

海濱娛樂城 Marizon

　　1989 年，為了紀念福岡市設立 100 週年，建立了這個複合式的商業設施。在百道海灘正中央的小島上，有一座希臘風格的建築，原以為是餐廳或購物中心，結果是海上的結婚大教堂。因為沒有要參加婚禮，所以無法進去參觀，但周邊有歐式小鎮的商店街、咖啡館和高速船的搭乘區等，情侶們可以來這邊拍照、遊玩，一定會浪漫破表、感情加溫。在這個河濱公園還可以從不同的角度觀賞、拍攝福岡塔，夜晚也很美喔！

Data

　　海濱娛樂城 Marizon
　◎ 地址：福岡市早良区百道浜 2-902-1
　◎ 交通：西鐵巴士「福岡塔南口」，步行約 5 分鐘。
　◎ 網址：www.marizon.co.jp
　◎ 海上教堂網址：www.marizon.jp

海中道水族館 /
マリンワールド海の中道

這個水族館是以對馬海峽為展示的主題，對馬海峽在韓國與日本之間，為暖流黑潮的分支，溫暖的海水帶來食物與舒適的環境。在這裡展示著海獅、海豚、鯊魚等，室內有可以 360 度觀賞的全景水槽，戶外有大小不一的展示用水槽，既能夠安靜欣賞魚兒的姿態，也可以觀賞海獅、海豚與飼育員互動的表演，或是餵食秀，懂日文的遊客可以參加海洋自然科學實驗室，是個適合情侶約會、家庭共遊的好去處。可以事先將各項表演時間、所需時間，以及表演地點記下來，然後再規劃入館參觀的行程。

海中道水族館

請特別留意，看海豚、海獅表演的座位以顏色區分，下面四排橘紅色座位是會被水潑到的，可以看到很多小孩會穿雨衣或拿雨傘坐在前面，現場十分熱鬧，若怕被潑到的朋友建議往上坐吧！水族館的開放時間有點複雜，但只要把握黃金週、暑假及日本休假日期間，營業時間一定會延長這點，就不會空手而歸。

互動區

可愛企鵝

Data

海中道水族館／マリンワールド海の中道
◎ 地址：福岡市東區大字西戶崎 18-28
◎ 交通：JR「海之中道」站，步行約 5 分鐘；或是西鐵巴上「海之中道」下車，步行約 2 分鐘。
◎ 電話：092-603-0400
◎ 開放時間：

3 月 1 日～7 月 17 日 9 月 1 日～11 月 30 日		09:30 ～ 17:30
5 月 2 日～6 日	黃金週假期	09:30 ～ 21:30
7 月 18 日～8 月 31 日	日本的暑假	09:00 ～ 21:30
9 月的週末、連休		09:30 ～ 21:30
12 月 1 日～2 月 29 日		10:00 ～ 17:00
12 月 23、24、25 日	聖誕節	10:00 ～ 21:00

◎ 公休：2 月第一個週一及其隔日（連續 2 天）。
◎ 票價：大人 2,160 円，中學生 1,180 円，小學生 820 円，幼兒（4 歲以上小學生以下）570 円。
◎ 網址：www.marine-world.co.jp

北九州市

門司港車站月臺

車站門口的「帰り水」

北九州市是 1963 年，由門司市、小倉市、戶畑市、八幡市及若松市合併後成立的市，現在的行政區劃有若松區、戶畑區、小倉北區、小倉南區、門司區、八幡西區、八幡東區，共七個區；在九州中僅次於福岡市，是人口第二多的都市。

北九州市隔著細長的關門海峽與下關市相望，設立了門司港，與本州或外國都有貿易往來，加上是國道及鐵路線的起點，經濟程度也是九州前三大。由於市內多山、平地少，為了建造機場，還填海造陸建出一個人工島，取名為「空港島」。

門司港懷舊區

門司港與門司港車站其實是一體兩面的產物，明治年間，在九州擁有大量煤炭的日本，於 1889 年設置門司港（連接著通往內陸的鐵路，所以同時也是門司車站）後，將其指定為特別向外輸出煤炭的港口，與神戶、橫濱並稱為當時的三大港口，經過第一次世界大戰及大大小小的戰爭，成了運送物資、國際貿易的港口。

作為九州鐵路起點的門司港車站，便利的交通使許多貿易公司爭相在其周邊設立據點，門司港因此經過了繁榮風光的時期，然而在戰爭結束、煤炭生產量

減少、運輸港的功能又被海底隧道取代後，漸漸沒落了。

　　不過藉由早期遺留下來的設施，這裡充滿大正時期的懷舊復古風情，順勢轉型成門司港懷舊區再次出發，站務人員穿著當時的服裝，與其他九州車站區隔，展現出新風貌吸引國內外旅客到此一遊。

　　搭乘 JR 記得要在「門司港」下車，而不是「門司」站，否則會多走很多路。門司港車站已經存在超過一百年，是國家重要文化財，還被國土交通省列為都市景觀百選。車站的廁所可以看到大理石製的洗手台、花崗岩的小便器等，不僅有歷史價值，同時也展現出當時華麗氛圍；車站內的「一、二等待客室」、「行李保管處」、「貴賓室」等，也都是參觀重點之一。

　　來到戶外漫步可以看到許多新舊建築融合的街景，享受古典又現代的氣氛，周邊還有熱鬧的商店、餐廳、美術館等。車站內可以索取觀光指南地圖，照著地圖走就能環繞各景點，車站外還有人力車可以代步。

1-2 門司港懷舊區

從海峽ドラマシップ展望臺俯瞰的風景

Data

　　門司港懷舊區
◎ 地址：北九州市門司区西海岸 1-5-31
◎ 交通：JR 鹿兒島本線「門司港」站內。
◎ 票價：免費、自由參觀
◎ 網址：www.mojiko.info

海峽ドラマシップ展望臺

香蕉人

　　在車站外可以看到兩尊樣貌逼真的香蕉人，分別是黃色的「愛與正義的使者」與黑色的「ECO 與節電使者」，雖然不如百年的門司港車站般輝煌，卻紮實地代表著早期門司港的文化，原來歷史上日本人第一次吃到的香蕉，就是從臺灣輸出、經由門司港進入日本。

　　由於香蕉很快就會熟成、黑化，要及早把握時間賣出，因此在港口這裡出現了叫賣活動，當時香蕉無比珍貴，是只有在特別的時刻才能吃到的珍貴食物。一年一度在車站 1 樓內部，會舉辦期間限定的「門司港香蕉博物館」及「BANA 醬大會」，免費供遊客參觀，可以看到不同品種的香蕉，工作人員會在站前廣場重演昔日叫賣香蕉的情景，有點像購物頻道一般連珠炮的推銷方式，有興趣的遊客可以來感受一下。

香蕉人

レトロ展望臺

　　懷舊區的展望室共有 31 層樓，高度達 103 公尺，因為除了展望臺都是一般住戶，所以在上樓後才可購票入場，跟許多展望臺一樣，整片的透明玻璃呈現 360 度的視野，就連電梯都是透明的。從這裡可以看到下關、關門海峽、門司港等，再花費 100 円就可以使用數位望遠鏡 2 分鐘，看得更清楚。

　　在 31 樓有一家「Air Cafe」的咖啡館，建議可點上一杯飲料、一份蛋糕，悠閒地欣賞風景。

Data

> 展望臺
> ◎ 地址：北九州市門司区東港町 1-32
> ◎ 開放時間：10:00 ～ 21:30
> ◎ 公休：一年中不定期休 4 次，請上官網確認。
> ◎ 票價：大人 300 円、小孩 150 円。

舊門司三井俱樂部

同樣在門司港車站附近的三井俱樂部，原本是以前三井物產接待賓客之處，而且離港口有 2、3 公里遠，後來伴隨著門司港懷舊區的推動，將建築物解體後搬運到港口附近重新組裝。

科學家愛因斯坦來日本演講時曾下榻此處，所以在 2 樓的房間重現當時的擺飾，還有門司出身的日本作家林芙美子的資料室，1 樓則作為餐廳「和・洋 Restaurant」，開放一般民眾來此用餐。

這個建築的欣賞重點在於其為半木造結構，可以看到咖啡色的木條框中間夾著灰色、橘黃色的部分，是石膏、磚瓦、石頭等打碎後所填充，外部也不再粉刷或裝飾，呈現英國都鐸王朝的建築特色。

1 樓餐廳最著名的餐點是燒咖哩，特色是在咖哩飯上撒上起司，然後再烤過，簡言之就是焗烤咖哩飯，有的店家會再加上一顆蛋。

舊門司三井俱樂部

燒咖哩

Data

舊門司三井俱樂部
◎ 地址：北九州市門司区港町 7-1
◎ 交通：JR「門司港」站，步行約 2 分鐘。
◎ 開放時間：09:00 ～ 17:00
◎ 公休：全年無休
◎ 票價：1 樓免費；2 樓 100 円，中、小學生 50 円。

九州鐵道紀念館

距離門司港車站步行不到 5 分鐘的鐵道紀念館，原本是伴隨著九州鐵道的設置而成立的九州鐵道本社，在門司港車站啟用後就從博多轉移到這裡。紀念館分為紅磚造的本館、車輛展示場、迷你火車公園，以及車頭展示區。

紅磚造的本館建築距今已超過 120 年歷史，1 樓展出明治時代使用的車廂，能夠看到當時還是榻榻米的座位；還有

鐵道司機的體驗區、九州鐵道的模型，甚至有兒童遊樂區。2 樓是常設的展示區，展出一些當時的號誌、車票、燕子號的車廂模型，以及不定期舉辦的展覽，建議逛完後再回 1 樓的商店購買紀念品。

在車輛展示區可以看到已經退休的電車，包含運送煤炭的蒸氣火車，以及臥鋪電車，每一輛都可以進去參觀內部；在車頭展示區則可以假裝電車長操作機器；在迷你火車公園還可以搭乘小火車環繞一周，搭乘一次需另付費用 300 円（最多可乘坐 3 人），這些小火車都是目前仍在九州為大家服務的電車，簡直是鐵道迷必來的天堂。

Data

九州鐵道紀念館
◎ 地址：北九州市門司区清滝 2-3-29
◎ 交通：JR 九州門司港車站旁邊。
◎ 開放時間：09:00 ～ 17:00，最終入館時間 16:30。
◎ 公休：每月第二個週三（8 月除外），7 月第二個週三、週四；該週三為國定假日時則休隔日。
◎ 票價：大人 300 円，中學生以下 150 円，4 歲以下免費。
◎ 網址：www.k-rhm.jp

1-5 九州鐵道紀念館

下關海峽　Kanmon Line

　　都來到了港口當然想要出個海，尤其下關與門司只隔著短短 600 公尺左右的海峽。從 JR 門司港站出站後往海邊走會看到售票處，可以搭關門連絡船到下關唐戶，或是巖流島連絡船到巖流島，每 1 小時平均有 2 ～ 3 班，還有觀賞夜景的路線可選擇。

1-2 下關海峽

關門海峽隧道　Kanmon Tunnel

　　從門司港到關門海峽隧道口，約 2.4 公里，若要步行來此可能會比較吃力，建議從門司港車站附近的「九州鐵道記念館」站，坐門司港レトロ觀光列車潮風號到「關門海峽めかり」站下車，車程約 10 分鐘，再步行約 600 公尺，即可到達關門海峽隧道口。

　　關門海峽隧道是全世界唯一的海底人行隧道，可步行走完的長度約 800 公尺左右，若覺得走路太辛苦還可以租借腳踏車，行人通過免費，腳踏車或輕型摩托串則收 20 円的費用。這隧道特別之處在於，關門海底隧道橫跨位在九州的門司港，以及山口縣的下關市，通道中心地板上畫有兩縣交界處的標誌，即山口縣及福岡縣的分界線，有機會來這邊走一趟可以說是獨一無二的經驗。

關門海峽隧道口

海底人行隧道

山口縣及福岡縣的分界線

1-2 關門海峽隧道外的源義經、平清盛雕像

唐戶市場

1-2 唐戶市場、物美價廉的海鮮

欣賞完關門海峽美景，一定要來唐戶市場品嘗壽司、河豚，以及眾多美味海鮮。唐戶市場位在本州，從門司港搭船只需 5 分鐘。海鮮大餐固然過癮，卻價格不菲，但沒錢也有省錢的方法，那就是到魚市場去大快朵頤，下關的唐戶市場就是這樣的好地方，不像東京築地市場因觀光化而失去了庶民的價格，這裡的海鮮物美價廉。

> **Data**
>
> 唐戶市場
> ◎ 地址：山口縣下關市唐戶町 5-50
> ◎ 交通：從 JR「下關」站搭乘サンデン巴士，
>   車程約 10 分鐘。
> ◎ 營業時間：週一至週六 05:00～15:00、週日
>   及假日 08:00～15:00，每家店鋪不盡相同。
> ◎ 網址：www.karatoichiba.com

巖流島

3-4 下關（唐戶）搭船至巖流島

嚴格來說屬於山口縣，其出名的原因是，相傳這裡為宮本武藏與佐佐木小次郎決鬥劍術的地點，據說宮本武藏在決鬥中從未輸過，這一戰中也打敗了佐佐木小次郎。

目前為止此處都還是一座無人島，原本只有 1 萬多平方公尺的面積，經過填海造陸，現在已達超過 6 萬平方公尺。島上的雕像和紀念石碑其實都是近期設計建造的，響應文學作品中宮本與佐佐木的決鬥，加上電視劇的推廣，使得觀光客也開始湧入這個小島。

不過兩人的決鬥到底是否真有其事，沒有確實的依據，建議安排 1 小時就好，而船的班次並不多，必須注意時間。單趟只要 10 分鐘左右就能到達巖流島，若行程時間有餘裕可以加入這個景點。

Data

巖流島
◎ 地址：山口県下関市大字彦島字船島 648 番地
◎ 交通：搭乘連絡船，船程約 10 分鐘。
◎ 費用：

	下關來回	門司港來回	橫渡下關 與門司港
大人	500 円	800 円	800 円
小孩	免費	400 円	400 円

◎ 網址：www.city.shimonoseki.yamaguchi.jp/kanko/ganryujima

巖流島到了

坂本龍馬夫妻曾來過巖流島玩煙火

宮本武藏 VS. 佐佐木小次郎

傳馬船

路上講巖流島歷史故事的攤販

等搭船的乘涼處，可順便看看歷史介紹更了解
巖流島

1-2 小倉車站

3-4 小倉城

小倉車站&周邊

位在北九州市的小倉北區，是連接九州新幹線、西日本鐵道山陽新幹線等的交通要地，因此乘坐電車時也較複雜，車站外有小倉祇園祭的太鼓銅像。

小倉城

據說小倉城最早是於 13 世紀建造，歷經大名更迭，加上 1837 年城內失火，小倉城被燒毀，雖然後來經過修建，卻直到 1959 年才重建天守閣，整體而言約有 400 年的歷史。

城內的 1 樓是歷史區與土產店，最出名的是「迎接之虎」與「目送之虎」，據說不論從哪個角度看迎接之虎，都覺得是正面，所以又被稱為眼觀八方的虎；2 樓是重現江戶時代使用的器具和歷史久遠的小倉祇園祭花車等；3 樓是短片播放區；4 樓是不定期展示區；5 樓是天守閣。

小倉城曾於 2014 年 4 月 1 日到 12 月 13 日之間進行整修，為了避免不巧碰上整修無法入內參觀，還是請上臉書或官網確認一下再前往。

從 JR 小倉站南口出來後，看見麥當勞標誌往一旁的「小倉中央商店街」走，直走約 50 公尺看見「吉野家」右轉，接著一直走到底左轉，左前方 NHK 北九州放送局後方即可看見小倉城。

Data

小倉城
◎ 地址：北九州市小倉北区城內 2-1
◎ 交通：JR「小倉」站，步行約 15 ～ 20 分鐘；或是 JR「西小倉」站，步行約 10 分鐘。
◎ 電話：093-561-1210
◎ 開放時間：4 月到 10 月 09:00 ～ 18:00；11 月到隔年 3 月 09:00 ～ 17:00，最終入館時間為閉館前 30 分鐘。
◎ 公休：全年無休
◎ 票價：一般 350 円，高中生、中學生 200 円，小學生 100 円。
◎ 網址：www.kokura-castle.jp

下屋敷庭園 / 小倉城庭園

　　參觀完小倉城後，可以順便去旁邊的小倉城庭園。在幕府末期，小笠原氏的其中一系成為小倉藩的領主，小笠原一族是以傳承武家禮法的重要氏族，包含馬術、射箭、兵法、茶道等，因此在這裡主要也以禮法的體驗與展現為參觀重點。

2014 年 4 月 1 日到 12 月 13 日之間進行整修休館

　　庭園是採池泉迴游式建造，池塘的表面比周遭都要低很多，讓周邊的庭園有浮起來的感覺，分為書院區、品茶體驗區、常設展示區、特別展示區與庭園區等。品茶體驗區又分為和室與品茶區，在品茶區可以花費 500 円享用茶點套餐（抹茶／煎茶＋當季和菓子）。書院區會展出江戶時代的繪畫和書籍卷軸。展示區則是一些禮儀相關的介紹，如用餐禮儀、贈禮禮儀等。

1-2 擺飾在小倉城的商店街太鼓

　　小倉庭園、小倉城就在隔壁而已非常近，對於日本作家松本張清有興趣的遊客，還可以考慮購買連同松本清張紀念館的通用券，通用券的票價是大人 700 円，高中生、中學生 400 円，小學生 250 円。

 Data

　　下屋敷庭園／小倉城庭園
◎ 地址：北九州市小倉北区城內 1-2
◎ 交通：JR「小倉」站，步行約 15～20 分鐘。
◎ 開放時間：4 月到 10 月 09:00 ～ 18:00，11 月到隔年 3 月 09:00 ～ 17:00，最後入館時間為閉館前 30 分鐘。
◎ 公休：全年無休
◎ 票價：成人 300 円，高中生、中學生 150 円，小學生 100 円。
◎ 網址：www2.kid.ne.jp/teien

3-4 下屋敷庭園

八坂神社

　　小倉城旁邊的「八坂神社」，與京都祇園的「八坂神社」供奉著相同的神明，原本是叫做祇園社，直到明治年間才改名為八坂神社。平常沒有祭典時比較冷清，但遇上小倉的祇園祭時就會搖身一變，充滿人潮。

Data

八坂神社
◎ 地址：北九州市小倉北区城內 2-2
◎ 交通：JR「小倉」站，步行約 15 ～ 20 分鐘；或是 JR「西小倉」
　站，步行約 10 分鐘。
◎ 網址：www.yasaka-jinja.com

八坂神社

淨手處

六借馬

戀愛籤詩

納札所，集中處理舊御守之處

繪馬吊掛處

虔誠參拜

River Walk 百貨公司

在小倉城附近，圓弧狀的外觀具有現代感，中間有天井幫助採光，乍看之下覺得與博多運河城十分相似，實際上結合了百貨公司 DECO CITY（1～5 樓）、西日本工業大學（部分 3～11 樓）、NHK 九州放送局（4 樓）、T‧JOY 電影院（4樓）、北九州市立美術館分館（5 樓）、北九州藝術劇團（5、6 樓）、朝日新聞（8 樓），可説是功能十足的購物中心。

望去可看到 NHK、朝日新聞、北九州藝術劇團建築物

River Walk 外的河馬像

1-2River Walk

Data

River Walk 百貨公司
◎ 地址：北九州市小倉北区室町 1-1-1
◎ 交通：JR「小倉」站出站，步行約 10～15 分鐘；或是 JR「西小倉」站出站，步行約 5 分鐘。
◎ 電話：093-573-1500
◎ 開放時間：商店（一部分除外）10:00～21:00，餐廳（一部分除外）10:00～23:00，娛樂設施 10:00～24:00。
◎ 網址：www.riverwalk.co.jp

小倉祇園祭

事實上日本祇園祭的起源都是因為疾病流行，為了擊退惡靈造成的疾病而舉行祭典，在江戶時代小倉祇園祭跟其他地方的祭典相同，有花車、舞蹈、樂器表演等，明治以後加上兩面太鼓的打擊樂，歷經了 300 多年的歷史至今，大大小小的太鼓反而變成主角，這裡的祇園祭鼓聲澎湃，十分熱鬧。

Data

小倉祇園祭
◎ 地點：小倉城
◎ 時間：每年 7 月中旬，7 月第三個週五至週日。
◎ 網址：www.kokuragiondaiko.jp

3-4 小倉祇園祭

小倉祇園祭旁的小吃攤販

柳川市

　　是有明海鄰接陸地的城市之一，市內遍布灌溉用的溝渠和護城運河，所以又被稱為「水之都」。與佐賀縣佐賀市隔著筑後川，其實十分相近，但卻因為沒有橋樑所以無法直接通行。

柳川遊船

　　說到柳川就會想到遊船，從西鐵柳川站出站後，周邊就會看到各家遊船公司的免費接駁休旅車，把旅客接到搭船處。

　　共有 5 家遊船公司全年無休提供觀光客乘船遊柳川，遊船的路線相同，時間都是 70 分鐘，價格大同小異。2 月中旬時因為要清掃河川，會關閉一部分的人工運河 10 天左右，因而會提供約 30 ～ 40 分鐘較短的航程，冬天時就換成有暖爐的小船。建議大家上個廁所後再去搭船，航程途中會看到一些船上的店家，可以向店家購買食物或飲料在船內享用。

　　各家的搭船地點不同，但都在西鐵柳川站附近，步行約 5 ～ 10 分鐘可達的距離。在西鐵車站有提供組合套票，可以去車站的站務室購買，也可以到各家船公司的網站上預約搭船。若只搭船也可以去官網下載 9 折優惠券，以下是各家遊船公司的資訊：

柳川観光開発（株）

· 電話：094-472-6177
· 乘船場：松月乘船場（柳川市三橋 329）

西鐵電車柳川站到了

柳川觀光套票，柳川特盛票

柳川遊船

· 一般搭船價格：大人 1,600 円，小孩 800 円。

· 2 月中旬搭船價格：大人 1,100 円，小孩 500 円。

· 官網：www.yanagawakk.co.jp

· 套票優惠：

◎柳川特盛票

出發車站至柳川車站的打折後來回車票＋船票＋任選的柳川鄉土料理

票價：

出發站 （例）	福岡（天神） 藥院	二日市 太宰府	久留米 花畑	大牟田
大人	5,150 円	4,870 円	4,430 円	4,350 円

＊無孩童票。

◎太宰府柳川觀光票

福岡（天神）及藥院→柳川→太宰府

　　　　　　　　→太宰府→柳川

的打折後來回車票＋船票

票價：大人 2,930 円，小孩 1,420 円。

◎溫泉柳川票

出發車站至柳川車站的打折後來回車票＋船票＋赤泉（かんぽの宿）柳川溫泉入浴券

票價：

出發站 （例）	福岡（天神）	二日市	久留米	大牟田
大人	3,170 円	2,890 円	2,450 円	2,370 円
小孩	1,640 円	1,500 円	1,260 円	1,220 円

· 其他注意事項：到民藝茶屋用餐者，可獲得免費咖啡券一張。

（株）大東エンタープライズ

· 電話：094-472-7900

· 搭船場：大東川下（柳川市城隅町 18-9）

· 一般搭船價格：大人 1,540 円，高中、中學生 1,100 円，小孩 820 円。

遊船岸邊的商店

柳川市觀光案內所

周邊的風景

乘船票券

· 2 月中旬搭船價格：大人 820 円，小孩 410 円。
· 夜間納涼船 17:00 ～ 19:00：（夏季限定）大人 2,600 円，小孩 1,400 円。
· 備註：18:00、19:00 的航程為預約制。
· 官網 www.dedaito.com
· 注意事項：官網上的網路預約頁面製作完善，大東的飲食選擇多還有附照片，可選擇在船上、店內，或是乘船場旁的陽臺享用鰻魚飯。

水鄉柳川観光（株）
· 電話：094-473-4343
· 搭船場：下百町乘船場（柳川市三橋町下百町 1-6）
· 一般搭船價格：大人 1,500 円，小孩 800 円。
· 2 月中旬搭船價格：大人 1,100 円，小孩 500 円。
· 官網：kawakudari.com

（有）城門観光
· 電話：094-472-8647
· 搭船場：お花前川下り事務所（柳川市新外町 4-25）
· 一般搭船價格：大人 1,500 円，小孩 800 円。
· 官網：r.goope.jp/jyoumon

柳川リバー観光（株）
· 電話：094-475-5050
· 搭船場：柳川 river 觀光乘船場（柳川市新町 46-1）
· 一般搭船價格：大人 1,500 円，小孩 800 円。
· 2 月中旬搭船價格：大人 1,000 円，小孩 500 円。
· 官網：yanagawa-riverkankou.com

Data

各家船公司
◎ 地點：西鐵柳川站附近
◎ 交通：「西鐵柳川」站下車周邊。
◎ 開放時間：09:00 ～ 17:30，依船公司而異，偶有活動時會延長開放時間。
◎ 票價：中學生以上全票 1,500 ～ 1,600 円；5 歲至小學生，兒童票 800 ～ 820 円。

鰻魚飯

　　在日本古書有記載，高蛋白質的鰻魚可以幫助消化、預防夏季不適，如倦怠、食慾不振、拉肚子、頭痛等，所以在7、8月時日本人就會吃鰻魚飯，但在柳川可是一年到頭、任何時間都可以吃鰻魚飯呢！

　　說到鰻魚大概只有蒲燒會浮上腦海，這的確也是鰻魚在日本最普遍常見的料理方式，在鰻魚上塗好醬汁烘烤，之後放在飯上做成丼飯，或是直接裝盤搭配一碗白飯。這道料理在關東與關西又有差異，在關東會去除鰻魚的頭串起後，蒸過再烤；而在關西則會保留頭部串起後，直接烤。因為蒸過的鰻魚連皮都會變得柔軟，也可以去掉油脂，不過關西方面則認為要保留好吃的油脂，所以就霸氣的直接火烤。

本吉屋鰻魚飯店家

元祖鰻魚飯，本吉屋

　　在1681年開創，至今近300年的本吉屋據說是蒸籠鰻魚飯的發祥地，作法結合關東、關西，將蒲燒鰻魚放在拌好醬汁、預先蒸過一次的飯上，再擺上一點蛋絲裝飾，用蒸籠將鰻魚的香味融入粒粒米飯中。

　　製作手續繁複，無論是哪一家鰻魚飯專門店的價格都要3,000円上下，也難怪鰻魚飯在日本人眼中也是一種奢侈。吉本屋的蒸籠鰻魚飯單點的價格為3,500円，定食則會來到4,500円上下，其他也有很多鰻魚飯專門店，價格或許會親民一點。

本吉屋鰻魚飯店家內部

本吉屋鰻魚飯

 Data

元祖鰻魚飯 ・ 本吉屋
◎ 地址：柳川市旭町69（本店）；柳川市沖端町12（沖端支店）
◎ 交通：本店在西鐵「柳川」站下車，步行約13分鐘；沖端支店在遊船結束的下船處往回，步行約5分鐘（本吉屋就位在航線上，搭船時也可以看到）。如果從西鐵「柳川」站過去，可以搭乘市內巴士6號，於「本城町（松濤園口）」下車，步行約15分鐘。
◎ 電話：094-472-9070
◎ 營業時間：10:30 ～ 20:30
◎ 公休：每月第二、四個週一，另有臨時店休，請上官網確認。
◎ 網址：www.yanagawa-cci.or.jp/kigyo/kigy0361.html

民藝茶屋「六騎」鰻魚飯店家

北原白秋生家・紀念館

　　北原白秋是日本近代文學中家喻戶曉的詩人、童謠作家，家中自江戶時代開始就是多角經營的商人，橫跨海產、油、釀酒等。北原白秋在升中學時就對詩歌產生很大的興趣，1911 年因為一場大火，北原家的酒藏全部被燒光，是家道中落的開始。然而對詩歌著迷而忘我的他，已經朝文學作家一路邁進，先是在雜誌上投稿，在中學時毅然決然地退學、離家出走前往東京進入早稻田大學英文系預備科、正式就讀等。

　　北原白秋之所以會被柳川所重視，在於 1910 年，北原家正式宣告破產，在東京的北原白秋發表詩歌懷想柳川，使其一舉成名，即便到晚年、20 年沒有回到故鄉柳川，也還是不斷發表柳川相關的作品。

　　目前的北原白秋生家於昭和年間復建，主要展出當時北原家的生活風俗。後方是白秋紀念館，展示、介紹他的手稿、書信；以及柳川的歷史、文物、傳統工藝等。

Data

　　北原白秋生家・紀念館
　◎ 地址：柳川市沖端町 55-1
　◎ 交通：搭乘西鐵巴士（往沖端方面）「御花前」或「水天宮入口」
　　　下車，步行約 5 分鐘。
　◎ 開放時間：09:00 ～ 17:00，偶有活動時會延長開放時間。
　◎ 公休：12 月 30 日到隔年 1 月 1 日，另有臨時休館，請上官網確認。
　◎ 票價：大人 500 円，學生 450 円，小孩 250 円。
　◎ 網址：www.hakushu.or.jp

北原白秋生家指標

北原白秋生家

立花家史料館

　　設置在柳川藩主立花家宅邸的庭院內，歷年來都展示著立花家的刀劍、茶具、工藝品等，若遊船結束後剛好就在這附近，可以來此參觀。

　　立花家是名家大友氏中的一支，在立花道雪這一代，因為只有一個女兒，所以將親戚中的宗茂迎接至家中當作女婿及兒子扶養。宗茂在經過豐臣秀吉、文碌慶長之役來到江戶時代，從柳河藩主轉為浪人，被德川家康注意到他的實力，再次獲得柳川領土的賞賜，以大名之位回復，其優秀的作戰能力還被歷史學家稱為不敗的名將。

立花家史料館

　　立花家史料館
◎ 地址：柳川市新外町 1（國家指定名勝立花氏庭園內）
◎ 交通：西鐵「柳川」站搭乘計程車約 10 分鐘，或是西鐵巴士（沖端方面）約 15～20 分鐘，「御花前」下車。遊船的下船處可以直接步行抵達。
◎ 開放時間：09:00～18:00，最終入場時間為 17:30。
◎ 公休：在展覽更換期間會有短期休館，詳情請上官網確認。
◎ 票價：大人 500 円，高中生 300 円，中學生 200 円。
◎ 網址：www.tachibana-museum.jp

園區內建築物

鰻魚相關土產

太宰府市／筑紫野市

九州國立博物館

波浪造型的九州
國立博物館

　　以亞洲文化為中心探討日本文化的形成作為主題的九州國立博物館，展示文物大多是歷史與地理文物。曾於 2014 年 10 月間與臺灣故宮合作，展出著名的肉形石，在展出前數個月就於九州的公車車身或車站設置廣告，雖然只有短短 2 週，還是引起參觀熱潮。

　　外觀波浪型的半圓柱體建築，占地面積超過一個足球場的大小，1 樓入口處附近設置有停車場、休息區及公廁。一入內是高聳、開放的空間，大廳不時會舉行特別的展覽，不僅有紀念品商店ミュージアムショップ、體驗型的亞洲文化展示區あじっぱ，還有 2 層樓高的日本神轎。

九州國立博物館室
內、展示品

　　2 樓是辦公室及文物儲藏室，在 1 樓即有電梯直達到 3 樓的特別展示區、4 樓的常設展示區，櫃檯有免費出借的中、英、韓語音導覽服務（僅限 4 樓平常展的文物），還有多國語言的博物館介紹手冊。

　　由於博物館以開放式展出路線為主，有許多文物可以近距離觀賞，甚至沒有玻璃罩隔開文物與人，所以館內嚴格禁止飲食，只有 1 樓的開放式咖啡廳才可用餐，展示區內禁止拍照、攝影、使用手機。

紀念品店

Data

九州國立博物館
◎ 地址：太宰府市石坂 4-7-2
◎ 交通：西鐵電車「太宰府」站下車，步行通過虹之隧道約 10 分鐘。
◎ 電話：092-918-2807
◎ 開放時間：09:30 ～ 17:00，入館時間到 16:30 為止。
◎ 公休：週一，若週一為假日時則延至隔日，詳細休館日期請參照官網。
◎ 票價：成人 430 円、團體票 220 円；大學生 130 円、團體票 70 円；18 歲以下、70 歲以上免費。
　　特別展示區需另外購票。
◎ 網址：www.kyuhaku.jp

西鐵電車太宰府站

太宰府有名的梅枝餅

紀念品商店

獨具特色的木頭裝潢星巴克太宰府店

太宰府天滿宮

在面對九州國立博物館左手邊最後方，有通往太宰府天滿宮的隧道，內有類似機場的電扶梯，大約 5 分鐘左右，從隧道一出來右手邊是太宰府遊樂園，左邊就是天滿宮的範圍了。

祭祀著菅原道真，主管學業、除厄運，其實在日本只要名稱上有「天滿宮」三個字，就是指保佑學業的神。

寶物殿前有菖蒲池，每年 6 月上旬可以看到滿池的菖蒲花，6 月初時還會舉辦菖蒲花演奏會，在池中央的平臺表演樂器，夜間也會點燈，讓大家能以不同的角度欣賞菖蒲花。

在這裡還有非常少見的納札所，從神社求回來的御守，一年過後就要處理掉，再求取新的御守，意味著將神的一部分歸還回去，再次祈求新的一年的保佑。一般來說會在年尾時集中收取、舉辦儀式，將舊的御守燒掉。但是，難道錯過那個時段就沒辦法處理御守了嗎？在少數的神社中還有納札所，把舊的御守投入小箱子裡就可以了，神社會代為處理。

太宰府天滿宮和九州國立博物館有推出聯合票券，一張 500 円，可參觀寶物殿、菅公歷史館、九州國立博物館的常設展，不過大學生的優惠更便宜，所以只推薦給一般成人購買。

Data

太宰府天滿宮
◎ 地址：太宰府市宰府 4-7-1
◎ 交通：西鐵電車「太宰府」站下車，步行約 5 分鐘。
◎ 開放時間：春分至秋分前一日 06:00，以外的時間 06:30 開門；6～8 月為 19:30 關門、4、5、9、10、11 月為 19:00 關門，12～3 月為 18:30 關門，元月開始的前三天都是 24 小時開放。

寶物殿
◎ 開放時間：09:00～16:30，入館只到 16:00。
◎ 公休：週一
◎ 票價：400 円，大學生、高中生 200 円，中、小學生 100 円。
◎ 網址：www.dazaifutenmangu.or.jp

太宰府門口　　　　　　　　　很多人在摸神牛　　　　　　　太宰府參拜處

二日市溫泉：御前湯

御前湯

　　提到福岡很少會想到溫泉，但二日市就是以千年溫泉著名的地方，有很多大眾溫泉湯可以泡，其中最具代表性的是「博多湯」和「御前湯」。御前湯的溫泉水，據説對神經痛、皮膚病等特別有療效，因為是市營的大眾澡堂，單純提供泡湯、入浴，毛巾、清潔用品、置物櫃或吹風機等需要額外付費。

Data

二日市溫泉：御前湯
◎ 地址：筑紫野市二日市湯町 2-4-12
◎ 交通：JR「二日市」站，步行約 15～20 分鐘；或是西鐵巴士「御前湯」站下車。
◎ 開放時間：09:00～21:00
◎ 公休：每月第三個週三、1 月 1 日。
◎ 入浴價：大人 200 円，小孩 100 円。

美食介紹

麒麟啤酒工廠

在日本只要說到啤酒，就會想到麒麟、朝日、Suntory、SAPPORO、YEBISU 五大品牌，雖然麒麟啤酒並非福岡的特產，但實在特別，喜愛啤酒的遊客千萬不能錯過酒廠參觀之旅。

位在福岡縣的麒麟啤酒工廠，提供免費參觀，有日本手機號碼的遊客可以直接透過網路報名，報名人數的限制最少是 2 位，也可透過電話報名，但全程都以日文講解，還是需要有點日文基礎才會感受到樂趣。

參觀的過程可以看到前幾代的宣傳海報，工作人員還會拿製作啤酒的麥芽給大家品嘗，進入工廠區域則為商業機密不能拍照，中間也會播放釀製啤酒的影片，最後會提供給大家 30 分鐘內的無限暢飲，可以享用到一番搾鮮、Lager 窖藏啤酒、STOUT 黑啤酒，工廠也為不能喝酒的人準備了無酒精的飲料。

強烈推薦大家逛逛餐廳內的土產店，有很多限定商品是出了這間店就再也看不到的，像是麒麟啤酒的酒心巧克力，只有在參觀的工廠才有販售喔！

當時的宣傳海報

專人解說啤酒的製程

Data

麒麟啤酒工廠
◎ 地址：朝倉市馬田 3601
◎ 交通：JR「太刀洗」站下車，步行約 15 分鐘（太刀洗站左方約 100 公尺處，看到 KIRIN 的看板後右轉）。
◎ 電話：094-623-2132
◎ 開放時間：09:00 ～ 17:00
◎ 公休：年末、年初、每週一（當週一遇上國定休假日時則營業，改休隔日）。
◎ 票價：免費
◎ 網址：www.kirin.co.jp/entertainment/factory/fukuoka

一番搾鮮的酒水龍頭

窖藏啤酒水龍頭與一般啤酒

窖藏啤酒與免費附贈的零食

一蘭本社總本店

一蘭拉麵票券自動販賣機

一蘭拉麵

　　從九州發祥的一蘭拉麵，果然還是要到九州來吃才對味。

　　點餐的程序是先在販賣機選購餐券，當然入座後也可以再加點。拉麵的口味只有一種——豚骨，可以加購麵量和白飯，或是加點配料水煮蛋、叉燒、海苔、黑木耳等。拿到餐券後要注意一下單獨座位的顯示燈，紅燈為有人、綠燈為空位，一蘭的座位大多是單獨座，希望客人能更集中精神品嘗拉麵。入座後再選擇對拉麵的喜好，像是口味的濃淡、油脂的多寡、大蒜的有無等。這裡是用筷子套追加點餐，圈選要追加的料理、準備好零錢就可以按鈴呼叫服務生。

在福岡包含特別店就有 13 家，也只有在此地才可以品嘗到特別店的限定口味！像是天神西通店的大斧豚汁，在一蘭的豚骨湯頭中加上大斧熬煮豬肉的油脂，味道更濃厚。博多運河城店可以選擇究極的酸味，這兩間的湯碗是長方形的「重箱」，與其他分店圓形的湯碗不同。重箱一般是元月的賀歲料理，或是吃鰻魚飯才會用到的餐具，所以在日本人心目中有一種高級的感覺。

只有在本店可以吃到長方形碗的一蘭拉麵

在天神店和西新店則可以嘗到「鋼鐵麵」的限定口味，因為客人們在點餐時常常偏硬的麵條，所以店家特別推出這種麵條硬度。小戶店和太宰府店則是使用百分之百福岡產的小麥粉來做麵條，真是實踐回饋家鄉福岡的最好典範。

入店後可以詢問是否有中文說明，有的分店會準備。

Data

一蘭本社總本店
◎ 地址：福岡市博多区中洲 5-3-2
◎ 交通：市營地下鐵「中洲川端」站，步行約 1 分鐘；或是西鐵巴士「東中洲」站下車，步行約 1 分鐘。
◎ 營業時間：每日，但各店時間有所不同，詳情請參考官網。
◎ 公休：全年無休
◎ 網址：www.ichiran.co.jp

可以透過這個面板確認哪裡有空位

按鈴呼叫服務生加點配料

一般吃到的都是圓形碗拉麵

圈選自己喜愛口味的拉麵單子

每個人獨立隔間座位保有隱私，一個人來吃也不尷尬

一蘭也有屋台料理

一蘭獨特的煎餃

在日本一風堂拉麵也深受
歡迎

菜單、小菜

白丸拉麵

一風堂拉麵

　　在全日本、海外都積極擴店的一風堂，甚至在美國、巴黎、菲律賓等都有分店，光是在福岡就有 9 家分店。

　　基本的口味有白丸、赤丸和超辣味，白丸是創店以來的原始豚骨口味，使用的是直徑較細、橫切面圓形的麵條；赤丸則是豚骨湯底加上自製的香油與辣味噌，使用的是直徑較粗、橫切面是四方形的麵條；這樣的搭配據說也是經過一番考量。各家店不時會推出各自的特別菜單，每家店的裝潢也有各自的風格，座位的設定有個人座，也有一般座席。

　　點餐方式是到店內看菜單後再點，麵的軟硬、湯的濃厚是服務生來詢問，所以可要事先把日文說法記起來喔！桌上小盒子內的小菜都免費，一旁還有大蒜研磨器，需要多少都可以自己加。

Data

　　一風堂拉麵
◎ 地址：福岡市中央区大名 1-13-14（大名本店）
◎ 交通：西鐵電車「福岡天神」站，步行約 8 分鐘。
◎ 營業時間：每日，但各店時間有所不同，詳情請參考官網。
◎ 公休：年末年初
◎ 網址：www.ippudo.com

水炊鍋（水炊き）

　　以博多為中心的鄉土料理，在砂鍋中放入長時間熬煮的雞湯，配料是新鮮的帶皮帶骨雞肉、雞肉丸子、高麗菜、茼蒿、香菇、蔥、豆腐，不再加其他調味，要吃時可以沾橘子醋或柚子胡椒醬。

　　味道的走向是清淡、清爽，特別受喜好食物原味者歡迎，滿滿的蔬菜量非常健康。

Data

　　水炊鍋（水炊き）祇園店
◎ 地址：福岡市博多区祇園町 6-43 ギオン紫田ビル B1
◎ 交通：市營地下鐵「中洲川端」站，步行約 5 分鐘。
◎ 電話：092-272-2901
◎ 營業時間：17:00 ～ 24:00
◎ 網址：tenjin.suitoya.jp

MOTSU 鍋（もつ鍋）

醉燈屋

　　日文的「もつ」一般指牛內臟。這道料理的湯頭是以柴魚片、昆布等燉煮，加上醬油或味噌調味，以及大量的韭菜、高麗菜、大蒜，還有處理完畢的內臟，再撒上些許生辣椒或芝麻，吃到最後再放入麵類作為結尾。

水炊鍋

　　說到內臟又分為兩種，一種是油脂多的牛小腸鍋，一種是油脂較少的大腸搭配心臟、肝臟、牛舌、牛肚等的混合內臟鍋，前者的口感柔軟，是現在的主流吃法。每家餐廳又會帶有一點自己的特色，可能會放入豆腐、牛蒡、洋蔥、豆芽菜等。

　　雖說是一般人不常吃的內臟，卻含滿滿的膠原蛋白、維生素 B_1 等，具美容、消解壓力、防止貧血的效果，大量的蔬菜其實也是一道健康的料理，甚至從九州風靡到東京呢！

MOTSU 鍋

　　在福岡有 6 家分店的居酒屋──醉燈屋，店內的 MOTSU 鍋就是使用昆布製成的高湯，內有高麗菜、韭菜、豆腐的牛小腸鍋，並搭配細版的什錦麵條。

Data

醉燈屋祇園店
◎ 地址：福岡市博多区祇園町 6-43 ギオン紫田ビル B1
◎ 交通：市營地下鐵「中洲川端」站，步行約 5 分鐘。
◎ 電話：092-272-2901
◎ 營業時間：17:00 ～ 24:00
◎ 網址：tenjin.suitoya.jp

明太子

明太子仙貝

　　從明太鱈魚中取出魚卵後再醃漬加工，與臺灣的烏魚子類似，一片都是兩條，秤重量來賣，越大片、越重的越貴。

　　明太子的起源據說是明治時期，由曾到過韓國釜山的樋口伊都羽，抱著將明太子作為商品的發想，從韓國帶到下關，隨著運輸傳到日本各地。在第二次世界大戰，日本戰敗後從韓國撤退回日本的川原正孝，非常懷念在韓國吃到的辣味明太子，所以重現了當時的好滋味，並且大方地將食譜分享給福岡、博多當地人，才以「博多名產」廣為人知。

明太子義大利麵

　　明太子的保存方法為冷藏或冷凍，冷凍的情況下可以保存 1 ～ 3 個月，為避免風味變差、吃壞肚子，購買後最好趕快放進冰箱中，畢竟醃漬物品多少都會有菌類，在保存上請多留意。

佐賀

佐賀的交通

JR 佐賀車站（新幹線、電車）

　　目前佐賀站還沒有新幹線通過，在佐賀縣內的新幹線車站是新鳥栖，因此要搭乘新幹線必須從佐賀車站搭乘一般電車前往新鳥栖（460 円、25 分鐘）。另外，JR 九州也計畫於2022 年開通新幹線，建立一條從新鳥栖經過佐賀、肥前山口、武雄溫泉、嬉野溫泉，然後抵達長崎的路線，目前都只在計畫中，開通日期也有可能變更。

佐賀車站內，碰巧遇上小學生集合

佐賀車站閘口內部的櫥窗會依據季節更換擺飾，圖為女兒節的人偶

JR 電車內部，可以在第一節車廂和駕駛看著一樣的風景

JR 購票機的畫面，各站名稱下方即票價

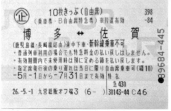

從 JR 佐賀站來回JR 博多站的特急車票，由於人數眾多，我們買了10 張的小型回數券，價格也更為實惠

從佐賀市前往佐賀縣內其他城市的 JR 交通方式參考表

地點	交通工具	時間	票價
佐賀熱氣球節臨時車站	唐津線	約 5 分鐘	210 円
神埼	長崎本線	約 8 分鐘	230 円
小城	唐津線	約 15 分鐘	280 円
武雄溫泉	長崎本線	約 50 分鐘	560 円
唐津	唐津線	約 70 分鐘	1,110 円
鹿島（肥前鹿島）	長崎本線	約 35 分鐘	560 円

＊佐賀熱氣球節臨時車站的票以人工販售方式，只在每年的熱氣球節舉辦時，於 JR 佐賀車站內才會擺出小攤子販售。

佐賀跨縣市移動參考表

地點	交通工具	時間	票價
博多	特急（博多行）	約 40 分鐘	2,440 円
長崎	長崎本線（長崎行）	約 90 分鐘	3,870 円
佐世保	長崎本線「肥前山口」轉乘佐世保線（佐世保）	約 103 分鐘	2,100 円
大分	長崎本線「鳥栖」或「博多」轉乘大分／別府方向之電車	2～3 小時	8,000～9,000 円不等
熊本	長崎本線「新鳥栖」轉乘新幹線	約 70 分鐘	4,380 円
鹿兒島	長崎本線「新鳥栖」轉乘新幹線「鹿兒島中央」轉乘鹿兒島本線	約 140 分鐘	11,260 円

＊在此僅列出直達或最便宜的乘車方式，所需時間、票價會因轉乘不同車種而有所不同，可以善用 JR 官網或轉乘 APP 查詢搭乘方式。

佐賀巴士中心（高速巴士、市營巴士）

佐賀巴士中心案內所

位在佐賀巴士中心內、便利商店旁，雖是案內所但其實僅為一個小小的購票窗口，窗口的服務人員都很親切，即便不會說日文，也可以把目的地和票數寫在紙上購買。窗口時間：平日 08:00 ～ 18:00，假日 08:30 ～ 17:00。

高速巴士

從佐賀出發的高速巴士可以來回福岡機場、天神、久留米、柳川、佐賀機場、鹿島、武雄溫泉等，但只有以下四個地方搭乘高速巴士會比較便宜或快速，建議可以先到佐賀站巴士中心的案內所購買票券。

地點	福岡機場	天神	柳川	佐賀機場
上車站牌	6	6	1	1
下車站名	福岡機場	天神巴士中心	西鐵柳川	佐賀機場
營運公司	西日本鐵道（西鐵巴士）			佐賀市營巴士
所需時間	約 75 分鐘	約 77 分鐘	約 50 分鐘	約 35 分鐘
發車間隔（尖峰）	30 分鐘	20 ～ 30 分鐘	30 分鐘	1 小時 30 分鐘
發車間隔（非尖峰）	60 分鐘	60 分鐘		2 小時 30 分鐘以上
單程票價	1,230 円	1,030 円	710 円	600 円

市營巴士

佐賀市營巴士班次，雖然沒有像大都市那麼密集，但發車、抵達時間都非常準確，只要完整規劃還是很方便搭乘的交通工具。上車時從後門，需先抽整理券，券上會有紅色的數字，把整理券的數字對照公車司機正上方的告示燈，在下車時才投錢。市營巴士沒有 IC 卡服務，基本上都是投現金，若發現零錢不夠，也可以在車上用機器兌換，但最多只接受千元鈔票，有時也會遇到機器裡零錢不足的情況，所以還是建議事先準備好。特別提醒，請在巴士到站後才起身換錢、投錢、下車。

佐賀巴士一日票券

版本	全線 Free 版	指定區域內 Free 版
購買地點	佐賀巴士中心案內所	
價格 （大人／小學生以下）	1000 円／ 500 円	350 円／ 180 円
範圍	市營巴士全部可以搭乘 （臨時巴士除外）	以佐賀巴士中心周圍車資 150 円 距離的範圍（臨時巴士除外）
額外優惠	景點：入門票券優惠 餐廳：飲料 1 杯或折扣	無
附註	走遍本書中佐賀市內景點只需要這張	

高速巴士的時刻表範例，左側
是幾點、右側是幾分；圖中的
範例是「鳥栖 Outlet」

佐賀往福岡天神的高速巴士車票

搭乘高速巴士需要現場排隊，左
側是往天神，右側是往福岡機場

佐賀市營巴士時刻表

佐賀車站

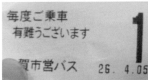

佐賀市營巴士的整理券

佐賀市營巴士內

佐賀車站內（尚未出站）

佐賀市

　　佐賀不只有聞名遐邇的超級阿嬤，還是日本大型零食公司 Glico 創辦人江崎勝久的故鄉。佐賀市是佐賀縣內最大的都市，全市大約有 20 萬人，超過五分之一是老年人口。這裡夏天的日均溫為 27℃，冬天的日均溫為 5℃，下雪的機會雖然很少，但一年中也是有幾天會低至 0℃ 以下。另外，佐賀市以往是有明海沖積而成的平原，地勢低窪，往年颱風來臨時還曾淹水高達膝蓋。

前往：
回眸瀑布、
唐津城

前往：鳥栖 Outlet
九年庵

川上峽

村岡總本舖
羊羹資料館

仁比山公園
仁比山神社

JR
神埼站

JR
小城站

JR
佐賀站

吉野里
歷史公園

JR佐賀
國際熱氣球節
臨時車站

佐賀城
本丸歷史館
佐賀公園

JR
武雄溫泉站

前往：
有田市、
伊萬里市

① 武雄神社
② 武雄市圖書館
③ 御船山樂園
④ 嬉野溫泉大眾浴湯「西博德的湯」
⑤ 豐玉姬神社
⑥ 元祖忍者村 肥前夢街道
⑦ 瑞光寺
⑧ 祐德稻荷神社

前往：
鹿島 Kashima
Gatalympics

F.R.AE

佐賀城本丸歷史館

佐賀城正門

　　佐賀城的歷史最早可以追溯到 16 世紀，戰國時代龍造寺氏一族的城居，其家臣鍋島直茂（原名鍋島信正）逐漸掌握實權，還獲得了江戶幕府承認，正式成為佐賀藩主，進而實行佐賀城本丸殿的修繕計畫。在往後數百年間，佐賀城數度遭遇火災、戰爭與再建工程，剩餘的部分城跡於 1957 年被列為國家重要文化財，2004 年更被列為日本百大名城之一。

佐賀城桓

　　由於佐賀城多次受到祝融之禍，天守閣被燒毀後也不再復建，其餘復原後的外觀乍看之下十分樸素，但建造城桓的巨石都是百年前從遠處搬運至此，仔細觀察可看到當時進貢該石頭一家的家徽，進入城內便強烈感受到城殿的細緻與重建時的用心。另外，佐賀城內部是可以拍照的，少數文物才有禁止拍攝標示，像是記錄荷蘭人到佐賀藩經商的文書等。

佐賀城本丸歷史館西門

　　館內有為團體客（10 位或以上）提供免費的志工導覽，必須在來館前 3 天提出「佐賀城本丸歷史館團體觀覽申請書」，語言有英、韓、中可供選擇，導覽志工都是佐賀本地的爺爺奶奶，熱心地向前來參觀的旅客介紹佐賀城。

佐賀城本丸歷史館的正門　　歷史館前的大鐵炮

Data

　　佐賀城本丸歷史館
◎ 地址：佐賀市城內 2-18-1
◎ 交通：在佐賀巴士中心搭乘 6 號公車，「佐賀城跡」站下車。
◎ 開放時間：09:30 ～ 18:00，偶有活動時會延長開放時間。
◎ 公休：12 月 29 ～ 31 日。另有臨時休館，請上官網確認。
◎ 票價：免費
◎ 網址：sagajou.jp

資料館內部分展示品可以拍照

佐賀城公園

　　佐賀城就在佐賀城公園裡，這個公園沒有特別設置圍籬或標誌，而是自然融入街景，周圍的舊護城河包圍著佐賀城公園、佐賀縣廳到中央郵局，呈現ㄇ字形。靠近公園這一帶種植荷花，縣廳周圍是種植櫻花，再往中央郵局方向則是種植楓樹與杏樹。從市役所最上方的餐廳可以一覽佐賀市內的風情。

春天時的佐賀城公園，
櫻花綻放

雕刻之森

　　在佐賀縣立博物館與美術館周圍有古賀忠雄的雕刻作品，其較為人知的作品之一，是位在鹿兒島市西鄉公園內的西鄉隆盛雕像。

夏天時的佐賀城公園，
綠意盎然

> **Data**
>
> 佐賀城公園
> ◎ 地址：佐賀市城內 1
> ◎ 交通：在佐賀巴士中心搭乘 6 號公車，「佐賀城跡」站下車。
> ◎ 網址：sagajoupark.com

古賀忠雄作品，団欒

古賀忠雄作品，生きる　　兒童遊樂設施

公園內鐵炮的模型

古賀忠雄作品，岬の男　　佐賀縣立博物館與美術館

佐賀國際熱氣球節

車票來回只要 400 円　　臨時車站

　　源自於 1978 年在福岡舉辦的小型熱氣球節比賽，在 1980 年轉移至佐賀的嘉瀨川河畔舉行，每年 10 月底展開，逐漸發展成國際性賽事，為亞洲最大的熱氣球比賽，還曾兩度舉辦世界熱氣球盃競賽，聚集日本國內外的競技高手，每年都有來自十多個國家、上百個熱氣球參與此盛會。

順應熱氣球節推出的物產展覽

　　熱氣球比賽的時間多為氣流穩定、無風的上午或黃昏時段，此外也會展示各種造型熱氣球。競賽期間，最佳觀賞時間是在無風無雨的清晨，以及夜晚的熱氣球燈會，午後較易受天候因素影響而取消活動。

口感類似章魚燒的小吃

　　從臨時車站出閘口後，正前方是會場發放給嬰幼兒使用的配戴手環，上面記載父母的聯絡方式，以防孩童在偌大的會場中走失。左方是熱氣球草坪，右方則是各種小吃、飲料的攤販，甚至在大白天就販賣啤酒喔！

長條狀的鬆餅　　　　小吃攤大合體

　　若想體驗免費搭乘熱氣球，可參加在同一場地 11 月下旬到隔年 2 月中旬週日清晨舉辦的 SAGA バルーンチャレンジシリーズ。當天早上 7 點開放登記，前 200 名登記參加者才有機會搭乘熱氣球，想體驗就要提早前往會場喔！

註：現場可能有提供付費搭乘熱氣球服務的單位，請在登記時一併詢問，以免錯失自身權益。

2

1-2 各家推出的熱氣球

Data

佐賀國際熱氣球節
◎ 地點：佐賀市嘉瀨川河畔
◎ 交通：電車熱氣球佐賀臨時車站「バルーンさが」
　　下車即是。
◎ 活動時間：每年 10 月底到 11 月上旬 06:30 ～
　　17:00，活動行程依照官網公布為主，若有夜間活
　　動延長至 19:30。
◎ 票價：免費
◎ 網址：www.sibf.jp

門口收取環境美化協力金之處

神埼的吉祥物 KUNENNYAN

入口處附近販賣的わかし餅

九年庵的楓紅美景

抵達神社前有很長的階梯

正殿

求取御守

愛逢橋底下的城原川

九年庵

　　明治時代，佐賀的大實業家伊丹彌太郎的舊別邸，其中庭院據說是委託了久留米的僧侶，耗費 9 年的時間建造而成，因此命名九年庵。1995 年被指定為國家名勝，每年只有楓葉轉紅 11 月 15 ～ 23 日前後的 9 天供民眾入場參觀，因此非常難得。

仁比山神社

　　祀奉山之神、農業之神的仁比山神社，每隔十二年的 4 月上旬會舉辦一次大御田祭，並且進獻御田舞。來參拜這座神社要有十足的腳力，從九年庵的入口開始就是許多上坡道，來到這裡更是層層階梯，但人潮絡繹不絕，紅葉與神社真是拍照的絕佳景點。

Data

　　九年庵
◎ 地址：神埼市神埼町 1696
◎ 交通：JR 神埼車站或佐賀巴士中心搭乘昭和巴士（三瀨、脊振方向），在「仁比山公園」站下車，步行約 5 分鐘。
◎ 電話：095-237-0107
◎ 開放時間：為春季、秋季的 08:30 ～ 16:00，因每年開放時間不同，確切時間請上網查詢（kanzaki.sagan.jp/kanzakiblog/?page_id=908）。
◎ 環境美化協力金：300 円，中學生以下免費。

仁比山公園、愛逢橋

仁比山公園，春天以櫻花、初夏以繡球花、秋天則以紅葉著名，整年都可免費入園，享受各種不同風情。在公園內烤肉或露營，每人只需支付 100 円的清潔費，是適合闔家蒞臨的景點。

另外適合情侶的景點是「愛逢橋」，據說只要跨越就可以獲得美好的愛，全長 60 公尺的木造橋，兩端是仁比山神社，以及有助結緣的八天神社。橋上是拍攝城原川及櫻花的絕佳位置。

春天時的城原川河畔

Data

仁比山公園
◎ 地址：神埼市神埼町仁比山
◎ 交通：JR 神埼車站或佐賀巴士中心搭乘昭和巴士（三瀨、脊振方向），在「仁比山公園下」站下車即是。
◎ 開放時間：06:00 ～ 22:30。
◎ 票價：入園免費，烤肉 100 円、露營 100 円。

愛逢橋

吉野里歷史公園

現存日本彌生時代最大的環濠部落遺跡，占地 86.7 公頃，遠超過一般的縣立、國立公園。在園區內有各式各樣的手作體驗活動，像是彌生生活館的勾玉製作、鑽木取火、陶笛製作；古代森林館的紐繩製作、織布、樂器製作與演奏、祭典舞蹈練習；以及週六、週日限定的古鏡製作、親魏倭王印鑑製作、銅鐸製作、古錢貨泉製作等。

神埼車站

體驗活動一覽表

體驗處	項目	費用	所需時間	附註
彌生生活館	古代勾玉製作	白、綠：200 円 粉紅、黑白馬賽克：250 円	40 ～ 60 分鐘	黑白馬賽克玉材質較為堅硬，製作上更花費時間。
	鑽木取火	100 円	30 分鐘	遇雨、強風等改為陶笛製作。
	陶笛製作	100 円	45 分鐘	

體驗處	項目	費用	所需時間	附註
古代植物館	紐繩製作	250 円	40 分鐘	
	織布機操作織布	250 円	60 分鐘	須於 2 週前預約。
	樂器製作與演奏	250 円	60 分鐘	須於 2 週前預約。
	祭典舞蹈的練習	250 円	60 分鐘	須於 2 週前預約。
彌生生活館（假日限定）	古鏡製作	原尺寸：1500 円 迷你尺寸：500 円	40 ～ 60 分鐘	
	親魏倭王印鑑製作	1,000 円	40 ～ 60 分鐘	
	銅鐸製作	1,500 円	40 ～ 60 分鐘	
	古錢貨泉製作	錢幣：500 円 錢幣（包含支架）：1,500 円	40 ～ 60 分鐘	

註：除了需事前電話預約活動，以上所有活動皆為當日登記參加，於閉園前 90 分鐘停止受理登記，費用皆為現金支付。

Data

吉野里歷史公園
◎ 地址：神埼市郡吉野里町田手 1843
◎ 交通：JR「神崎」站，步行約 15 分鐘；或是 JR「吉野里歷史公園」站，步行約 12 分鐘。
◎ 電話：095-255-9333
◎ 開放時間：4 月 1 日到 5 月 31 日 09:00 ～ 17:00；6 月 1 日到 8 月 31 日 09:00 ～ 18:00；9 月 1 日到隔年 3 月 31 日 09:00 ～ 17:00。
◎ 公休：12 月 31 日、1 月第三個週一及週二。
◎ 票價：6 歲以下兒童免費，國中、小學生 80 円，成人 420 円，65 歲以上 200 円。
◎ 網址：www.yoshinogari.jp

吉野里歷史公園

有斗笠可以免費借戴，以免中暑

為了保護村落，擋牆用的逆茂木

古代勾玉製作體驗

彌生時代的建築

換裝成彌生時代的人

村岡總本鋪

　　創立於明治 32 年（1899 年），生產最大宗是各種口味的羊羹，光是常見的紅豆就有好幾個豆種，還有栗子、櫻花等，每月都會推出一款應景羊羹，還有季節限定的黑豆羊羹和寒天涼菓。

　　除了羊羹，還有適合茶道的傳統和菓子。店內產品都提供試吃，在一旁還備有熱茶可享用，遇到試吃品被吃光時，店長還會催促店員補充。

村岡總本鋪與羊羹資料館

　　特別推薦一款叫做「氣球船」的和菓子，據說是依照熱氣球形狀所開發的產品，製作羊羹的技術也運用到內餡，甜度較羊羹低一些，對不愛甜食的人更易入口。

羊羹資料館與村岡總本鋪
只有一條小巷之隔

> **Data**
> 村岡總本鋪
> ◎ 地址：小城市小城町 861
> ◎ 交通：JR「小城」站，步行約 2.4 公里。
> ◎ 營業時間：08:00 ～ 20:00，偶有活動會延長開放時間。羊羹資料館 08:00 ～ 17:00。
> ◎ 公休：全年無休
> ◎ 網址：www.muraoka-sohonpo.co.jp
> ◎ 羊羹資料館網址：www.m-youkansiryoukan.jp

製作羊羹的原料

櫻羊羹

各式羊羹

甜口的羊羹就是要搭配微苦的抹茶

流水、菊花等造型的傳統茶點

種類眾多的日式茶點，非常大方地供人試吃

像果凍的水羊羹，賞味期限很短

武雄溫泉

　　武雄溫泉的泉水據說是 1,300 年前，神功皇后打仗凱旋歸來時，在路途上用劍刺向一塊石頭，自此就從石頭湧出源源不絕的溫泉水。武雄溫泉主要的功效是消解疲勞、肌肉或關節疼痛，有助於促進身體健康，還具有美肌的功效。

　　在溫泉新館內有 6 種房型，分成不限時間的大眾湯、以小時計價的獨立房間。

房型名稱	大眾湯（不限時間）			個別室（以小時為單位）		
	元湯	蓬萊湯	鷺乃湯	殿樣湯	家老湯	柄崎亭
費用	大人 400 円 小孩 200 円	大人 400 円 小孩 200 円	大人 600 円 小孩 300 円	假日 3,800 円 平日 3,300 円	假日 3,000 円 平日 2,500 円	鶴、龜： 假日 2,900 円 平日 2,200 円 櫻、松、杜鵑： 假日 2,300 円 平日 1,900 円
營業時間	06:30 ～ 24:00	06:30 ～ 21:30	06:30 ～ 24:00	10:00 ～ 23:00	10:00 ～ 23:00	10:00 ～ 23:00

Data

武雄溫泉
◎ 地址：武雄市武雄町大字武雄 7425
◎ 交通：JR「武雄溫泉」站，步行約 10 分鐘。
◎ 電話：095-423-2001
◎ 票價：依選擇房型而異。
◎ 網址：www.takeo-kk.net/spa

1-4 武雄溫泉

想要前往嬉野溫泉的乘客可在南口搭乘巴士

武雄溫泉站的售票處

周邊的景點指標都非常清楚

武雄市圖書館

武雄市其實是個人口不到佐賀市四分之一的小城市，卻首開創舉，與有名的蔦屋書店合作，辦了結合書店和咖啡廳（星巴克），提供借書、租書、買書、咖啡等多功能的圖書館，號稱可以讓人優閒地品嘗咖啡、翻閱書籍。

進入該館不需要辦理任何借書證件，只要使用有蓋子的容器裝的飲料都可以飲用，但沒經過申請禁止拍照，也禁止吃東西。若要在館內拍照，請事先取得許可。

武雄市圖書館

武雄神社

武雄神社的主祀神是輔佐第五代天皇的大臣武內宿禰，據說活到 360 歲，是日本第一長壽的神明，武雄神社本身也是市內最老的神社。神社內部有象徵長壽的大楠，以及結緣的夫妻樹，楠樹的樹齡超過 3,000 年，樹高 30 公尺，是日本國內的前十大巨樹之一，而夫妻樹由兩棵連在一起的檜木樹形成。神社裡販售的祈願鈴鐺，有紅、白、黃三種顏色，紅色代表良緣、白色代表事事順心、黃色代表財運滾滾。

1-3 武雄神社

 Data

武雄圖書館
◎ 地址：武雄市武雄町大字武雄 5304-1
◎ 交通：JR「武雄溫泉」站，步行約 15 分鐘。
◎ 開放時間：09:00 ～ 21:00
◎ 公休：全年無休。因天災或人事的臨時休館，請上官網確認。
◎ 網址：www.epochal.city.takeo.lg.jp/winj/opac/top.do

武雄神社
◎ 地址：武雄市武雄町大字武雄 5335
◎ 交通：JR「武雄溫泉」站，步行約 18 分鐘。
◎ 網址：takeo-jinjya.jp

川古大楠

　　位於武雄市的川古大楠已有3,000年歷史，高達25公尺，連根部也長達33公尺，名列日本第五大樹。川古大楠公園裡有水車館，在這邊還可以買到以水車為動力的水車米等。

> **Data**
>
> 川古大楠
> ◎ 地址：武雄市若木町川古 7845-1
> ◎ 交通：JR「武雄溫泉」站下車，搭乘計程車約 15 分鐘可達；或是搭乘昭和巴士，（伊万里方向）在「川古」站下車。

1-2 大楠與一旁的神社　　3-4 川古大楠

御船山

　　占地極廣的御船山，一年四季都有可以觀賞的自然風景，園內種有 5 萬株杜鵑、樹齡 170 年的藤樹、2 千棵櫻花、樹齡 170 年的楓樹、山茶花等，來到佐賀沒有到御船山就太可惜了。

　　在日本，人們有賞夜櫻的活動，御船山每年都有固定安排夜晚點燈時段，入園時間與票價也因而有異，建議一定要上官網查詢開放時間。通常一般花季開放一週後就會推出夜間點燈，在花季結束前一週結束點燈活動。官網還會不定時上傳最新園內景觀照片，避免民眾遇到大雨敗興而歸。

　　園內的萩野尾御茶屋會在春、秋兩季開放，白天販售串團子，晚上則是白玉紅豆（ぜんざい）的茶道套餐。

御船山正門

御船山綠意盎然

春

· 3 月下旬到 4 月中旬：櫻花
· 4 月中旬到 5 月上旬：杜鵑
· 5 月上旬到 5 月下旬：藤樹
· 開放時間：08:00 ～ 18:00、18:30 ～ 22:00。
· 櫻花的夜晚點燈開放日期：3 月 20 日到 4 月 5 日。

御船山的招牌景觀

- 入園門票：白天大人 700 円、小孩 300 円；夜晚點燈大人 500 円、小孩 200 円。
- 藤樹、杜鵑與楓樹開放日期：4 月 11 日到 5 月 6 日，夜晚點燈 4 月 17 日到 5 月 6 日。
- 開放時間：18:30 ～ 22:00
- 入園門票：白天大人 700 円、小孩 300 円；夜晚點燈大人 500 円、小孩 200 円。

到處都有杜鵑花叢

4 月時的藤樹

夏

- 7 月下旬到 8 月底：納涼竹燈祭
- 開放時間：一般 08:00 ～ 17:00，納涼竹燈祭 19:30 ～ 22:00。
- 入園門票：一般大人 400 円、小孩 200 円；納涼竹燈祭大人 300 円、小孩 100 円。穿著浴衣或甚平者免費入園。
- 備註：遇雨或強風中止，詳情請見官網公布。

楓紅

秋

- 11 月初到 12 月初：楓紅
- 開放日期：一般 11 月 1 日到 12 月 7 日，夜晚點燈 11 月 7 ～ 30 日。
- 開放時間：一般 08:00 ～ 17:00，夜晚點燈 19:30 ～ 22:00。
- 入園門票：白天與夜間各別券大人 400 円、小孩 200 円；白天與夜間通用券大人 900 円、小孩 400 円。

御船山的夜景

冬

- 1 月下旬到 2 月上旬：雪景、山茶花
- 開放時間：一般 08:00 ～ 17:00
- 入園門票：大人 400 円、小孩 200 円。
- 以上資料僅供參考，花季隨每年氣候狀況有所不同，請詳見官網或 Facebook「御船山」。

黑糖饅頭

Data

御船山
◎ 地址：武雄市武雄町武雄 4100
◎ 交通：JR「武雄溫泉」站下車，搭乘巴士（彼杵　方向），在「御船山樂園」站下車，步行約 5 分鐘；或是 JR「武雄溫泉」站下車，搭乘計程車約 5 分鐘。
◎ 電話：095-423-3131
◎ 開放時間、票價：依各季節活動而定。
◎ 網址：www.mifuneyamarakuen.jp
◎ 臉書：www.facebook.com/mifuneyamarakuen
◎ 備註：在御船山觀光旅館或御宿竹林亭住宿的旅客可免費入園。

嬉野溫泉公園

溫泉街的地圖

湯煙廣場

河邊拍過去的大眾浴湯，
西博德的湯

西博德的湯內部

西博德與溫泉豆腐

嬉野溫泉街

　　此地名的由來，是傳說中神功皇后在戰爭結束歸途上，看到疲憊的白鶴浸泡此處的泉水後又重振精神地高飛，便命受傷的士兵也跟著浸泡，沒想到傷口快速地癒合，讓神功皇后開心地讚嘆「あ、うれしいの」（啊，好開心），取其音與對照字就成了「うれしの」（嬉野）。

　　這裡的泉水被有溫泉博士之稱的藤田聰先生列為三大美人湯之一，富含碳酸氫鈉的鹼性泉水可以幫助軟化角質、滋潤肌膚、促進新陳代謝，據說泉水的水蒸氣對支氣管方面的疾病也有療效。

　　在嬉野溫泉街上有許多溫泉旅館，只要住宿就可免費享受入浴大眾池，隨處還可見露天足湯，免費提供大家泡腳、放鬆，不妨嘗試一下。較不為人知的是，在夜晚時居然還有機會看到藝妓，目前嬉野溫泉在籍的藝妓大約有 50 人左右，提供到客人下榻旅館表演的服務，但大多不提供拍照，建議遠觀就好。

　　此處盛產的嬉野茶擁有撲鼻的香氣，以及濃烈的口感，製作過程中會把茶葉揉捻、乾燥，屬於煎茶的製法。溫泉豆腐亦是有名的料理，經過溫泉水烹調的豆腐，富含礦物質，口感更滑順。

溫泉街內的足湯

西博德的足湯

佐賀的名產，丸ぼうろ

西博德的湯

　　位在嬉野溫泉街中心，是相當受到喜愛的大眾浴湯，從江戶時代起至今已有百年以上的歷史，1922 年不幸遭大火燒毀，兩年後以西洋建築的形式重建，據説是德國建築家西博德設計而成，但真相卻連老闆也不知道。1996 年由於設備的老化，關閉了一陣子，直到 2010 年以「西博德的湯」之名再度開張，是在日式古街上洋溢著異國風情的特別浴湯。

Data

嬉野溫泉街
◎ 地址：嬉野市嬉野町下宿乙 818-2
◎ 交通：JR「武雄溫泉」站下車，搭乘巴士（彼杵駅方向），在
　　「嬉野溫泉」下車，步行約 5 分鐘。
◎ 開放時間：06:00 ～ 22:00，入場時間到 21:30 為止，每年 4 月
　　1 日為開館紀念日可免費入場。
◎ 公休：每月第三個週三。
◎ 票價：大人 400 円，小學生 200 円。10 人以上的團體客，每
　　人 330 円；12 張不限日期的回數券 4,000 円。
◎ 網址：www.city.ureshino.lg.jp/sightseeing_culture/458.html
◎ 備註：請自備毛巾。

瑞光寺

祭祀著藥師如來佛的禪寺，在歷史上曾經作為大名及武士們的下榻之地。

瑞光寺正門口

1

2

1-2 瑞光寺內

豐玉姬神社

豐玉姬是海神的女兒、龍宮城的公主（浦島太郎的童話），自古以來就以水之神、海之神為人所景仰。豐玉姬公主年輕美貌，因此又被稱為「美肌之神」。

在神社內可以看到豐玉姬的使者鯰魚的雕像，鯰魚使者對治療肌膚的疾病十分靈驗，據說只要摸了鯰魚雕像，肌膚就會變得白皙滑溜。

初來乍到時誤以為鯰魚是公主，嚇了一大跳，再次強調鯰魚其實是使者，並非公主喔！

豐玉姬神社外的鳥居

豐玉姬神社

豐玉姬的使神

Data

瑞光寺
◎ 地址：嬉野市下宿大字下宿乙 1560
◎ 交通：JR「武雄溫泉」站，搭乘巴士（彼杵駅方向）「体育館前バス停」下車，步行約 5 分鐘。
◎ 開放時間：自由參觀

豐玉姬神社
◎ 地址：嬉野市嬉野町大字下宿乙 2231-2
◎ 交通：JR「武雄溫泉」站下車，搭乘巴士（彼杵駅方向）「嬉野溫泉」下車，步行約 3 分鐘。

元祖忍者村肥前夢街道

　　相信大家對於日本忍者並不陌生，九州唯一以江戶時代忍者為主題的樂園就在這裡，想體驗穿越時空來到日本江戶時代，元祖忍者村肥前夢街道絕對會是個好去處。小朋友在這裡可以換上忍者裝、學習丟手裏劍、吹箭武器，還可以觀賞精采的忍者表演秀。

忍者村肥前夢街道

　　其中有些自費活動，如在「變裝寫真館」花上 1,000 円就能夠體驗武士、公主等等 Cosplay 裝扮，忍者會幫你換裝和拍照，留下充滿回憶的紀念照。

入口就非常具忍者的神祕感

忍者們會來迎接入園

Data

元祖忍者村肥前夢街道
◎ 地址：嬉野市嬉野町大字下野甲 716-1
◎ 交通：JR「武雄溫泉」站下車，搭乘巴士（嬉野本線）「公会堂前」下車，步行約 10 分鐘。
◎ 電話：095-443-1990
◎ 開放時間：平日 09:00 ～ 16:00，假日 09:00 ～ 17:00。
◎ 票價：入場券大人 1,100 円，小孩 600 円。
◎ 網址：www.hizenyumekaidou.info

有飛鏢、手裏劍等小物可購買

忍者村肥前夢街道園內

箭場

「變裝寫真館」體驗 Cosplay

手裏劍道場

少不了許多忍者相關伴手禮

臉放進去拍張紀念照吧！

唐津市

遠眺唐津城

唐津市的吉祥物

唐津車站內的紀念章

唐津城

　　唐津城又名「舞鶴城」，座落在唐津灣滿島山上的舞鶴公園內，穿過唐津地下道後會直接抵達公園，可以選擇沿著多寶塔階梯往上爬，經過中段廣場再到城郭本體，或是花費 100 円搭乘直達北門的電梯。

　　很不巧的是，唐津城在 2008 年迎接 400 年築城紀念日時，展開石桓整修計畫，預計 2019 年結束，除了天守閣，大部分城郭都被圍籬隔起，因此我們才有機會看到唐津吉祥物之一勘右衛 don 在現場對大家裝可愛，希望藉此消解此次無緣看到唐津城原貌的苦悶。

　　推薦在 4 月中旬時來拜訪，城下恰好種有一排排藤樹，會綻放美麗的紫色花海。

 Data

唐津城
◎ 地址：唐津市東城內 8-1
◎ 交通：JR「唐津」站，步行約 2 公里。
◎ 開放時間：09:00 ～ 17:00，最終入館時間為 16:40，因應季節開館時間可能異動。
◎ 公休：12 月 29 ～ 31 日。另有臨時休館，請上官網確認。
◎ 票價：個人票 15 歲以上 410 円，4 ～ 15 歲 200 円；20 人以上團體票大人 320 円，小孩 160 円。
◎ 網址：www.karatsu-bunka.or.jp/shiro.html

唐津 Kunchi 抬轎祭典（唐津くんち）

　　原本只是唐津神社的秋季例行祭典，於 1819 年開始舉辦抬神轎遊行的儀式，爾後神社陸續收到信徒供奉的巨型木雕，直到 1876 年為止共計 15 臺（其中的黑獅子神轎於 1889 年最後一次登場），也就是說現行的神轎都超過百年歷史，而且重量高達 2 ～ 5 公噸。

神轎會經過的路線

　　祭典為期三天，首日是從晚上開始，先是在唐津神社前的大集合、出發遊行，次日和最後一日的遊行是從上午開始到下午結束。遊行預定路線兩旁的人行道是觀賞的絕佳位置，神轎坐騎會在轉彎處稍作停留後一鼓作氣往前衝，震撼力十足，建議挑個看得到轉角的地方預備。

路線旁的小吃攤

Data

　　唐津 Kunchi 抬轎祭典
◎ 地址：唐津市南城内 3-13（唐津神社）
◎ 交通：JR「唐津」站，步行約 8 分鐘。
◎ 舉辦時間：每年 11 月 2、3、4 日。
◎ 網址：www.karatsu-kankou.jp/event1.html

附近的冰淇淋販賣機

還有小孩子來參加

七寶丸

赤獅子

珠取獅子

鯛

遠遠就可以看到人潮

國際溪流瀑布攀登在七山

　　同樣是被選入日本百大瀑布的觀音瀑布，高低差超過 500 公尺，由於周圍有七座高山，又被稱為「七山」。每年夏天都會舉辦國際性的瀑布攀爬大賽，全長將近 5 公里，其中有 1.5 公里左右都是腳踩不到底的河川，比賽中途還有各種跳水設施可以遊玩。

　　競賽方式是名次中抵達順位尾數為 7 的人獲勝，獲勝者在終點可索取獎品兌換券，兌換七山的農作物，若遺失就無法兌換，請好好保管票券。

　　喜歡極限運動的朋友可以挑戰看看，大會提供中、英的參賽解說，還安排寄放包包的場所。活動必須事先申請，雖然參加者都會彼此幫助，但不會游泳又怕水、沒有十足信心的朋友可能需要多方考量。

Data

國際溪流瀑布攀登在七山
◎ 地點：七山瀧川（鳴神之丘運動公園、觀音瀑布周邊）
◎ 交通：JR「濱崎」站下車，轉搭乘計程車或開車約 20 分鐘。
◎ 電話：095-553-7172
◎ 票價：大人 3,500 円，小學生 3,000 円。

舞臺前的團體照

志工熱烈歡送出發隊伍

逆流而上的參賽者

可以大膽嘗試的跳水活動

無論多湍急都要走到最後

回眸瀑布（見帰りの滝）＋紫陽花祭

列車

　　同樣被選入日本百大瀑布中的回眸瀑布，其名稱的由來是，即使以前的人們沒有汽機車只能靠雙腳行走，但就算要再爬一次這個山坡也想再次看到的美景。

　　每年 6 月會推出為期一個月的紫陽花祭，在瀑布下游有將近 4 萬株、40 個品種的紫陽花（又稱繡球花），怎麼拍都是美景，每到這個季節都能為唐津市帶來 5 萬人次的遊客前來朝聖，僅需付 200 円的環境美化協力金來維護花草樹木栽種、道路上的開發與整潔美化，使這美景可以自然延續，而讓更多喜歡大自然的人觀賞。

唐津市的相知町

Data

　　回眸瀑布（見帰りの滝）＋紫陽花祭
◎ 地址：唐津市相知町伊岐佐上中見帰りの滝
◎ 交通：在紫陽花祭期間的週末，JR「相知」站搭乘接駁巴士，在「伊岐佐上中」下車，步行約 10 分鐘；JR「相知」站搭乘計程車。
◎ 環境美化協力金：200 円

小小的相知車站

販賣物產的小攤子

終於抵達步道的起點

紫陽花

回眸瀑布

鳥栖 Outlet

北九州數一數二的 Outlet，集結 150 個品牌的超級購物「城」。在 Outlet 巴士站下車後會先過一座橋才抵達正門，在橋上遠遠地可以看到各大品牌的招牌。Outlet 本身是仿歐式建築，跟歐美的 Outlet 很像，所有的店家都不超過 1 層樓。購物城內有餐廳、美食街，街道上也有長凳可以坐著休息。

在此可以感受到日本獨特的購物文化，像是打折的標示方式與臺灣不同，是以○○% off 的方式寫成；不時還會推出 time sale，如 30 分鐘內全品項再 20% off 之類。

歡迎來到鳥栖

鳥栖市的吉祥物とっとしゃん

古樸的鳥栖車站

Data

鳥栖 Outlet
◎ 地址：鳥栖市彌生阿丘 8-1
◎ 交通：JR「鳥栖」站下車後，搭乘西鐵巴士（鳥栖 Premium Outlets 路線），車程約 15 分鐘，車資平日 210 円、假日 230 円。若在天神巴士中心乘搭高速巴士，車程約 45 分鐘，成人來回票 1,000 円、單程 750 円，兒童則是 380 円。
◎ 電話：094-287-7370
◎ 開放時間：10:00～20:00
◎ 公休：2 月的第三個週四；實際休館日請上官網確認。
◎ 網址：www.premiumoutlets.co.jp/cht/shop/tosu

鳥栖 Outlet

1-2 商家林立，人潮眾多

佐賀縣鳥ウィントス

鳥栖 Outlet 的發車時刻表

鹿島 Kashima Gatalympics
（鹿島ガタリンピック）

　　鹿島灘塗競賽活動從 1985 年開始舉辦，每年都有熱烈回響，也有許多留學生和國外選手前來參加，已經成為佐賀縣的代表活動之一。留學生還能申請寄宿家庭，住在鹿島一晚與日本家庭交流認識，是個非常棒的體驗。

鹿島 Kashima Gatalympics

　　通常在 4 月份開始報名，填完報名表後利用郵寄、電話、傳真或電子信箱聯絡，記得要註明腳的尺寸，因為比賽時需要穿著競賽專用的鞋子，以防腳部受傷。競賽於每年 5 月下旬，在號稱日本最大潮差的有明海灘塗地上舉行，據說最大潮差達 6 公尺高。通常上午 10 點左右進行開場儀式，活動時段為上午 11 點至下午 3 點左右，接著舉行閉幕儀式、頒獎。

需要穿上專用的鞋子

　　在灘塗地上有很多意想不到的競賽活動，如雙人木板泥巴滑行、接力比賽、泥巴擊高板、尋寶遊戲等，泥巴很黏稠，在泥中跑步其實難度頗高，有些選手的腳甚至被困在泥中難以行走，但請別擔心！旁邊都會有當地的志工朋友幫忙拉你一把。活動結束別忘了拍張紀念照，看看朋友還認不認得滿身泥巴的你。炎熱的暑日，工作人員會拿水柱幫大家沖洗，當然也提供淋浴間，讓參賽者梳洗、換上乾淨衣物。因為附著上泥巴後的衣物較不易清洗，建議穿上可以弄髒或丟棄的衣物去玩！

點上聖火，比賽準備開始

舞臺、活動即將展開

　　由於有明海擁有日本第一大的潮汐差，在陽光與海潮交互作用下孕育豐富的無機質與營養鹽，造就了海苔的最佳生長環境。經由養殖漁家的細心照料下，這裡的海苔口感甜美，生產量為日本全國第一，別忘了買回去享用喔！此處老少皆宜，大家都可以來參加這個有趣的活動，無論是否參加比賽都可以來玩泥巴，體驗前所未有的經驗，單純參觀比賽無須報名，就能感受現場熱鬧的競賽氣氛。

臺灣隊代表

服裝特別的觀眾

 Data

　　鹿島 Kashima Gatalympics
　◎ 地點：鹿島市七浦海浜スポーツ公園
　◎ 交通：JR「肥前七浦」站，步行約 5 分鐘。
　◎ 電話：095-462-4610
　◎ 票價：中學生以上 1,000 円。
　◎ 網址：www2.saganet.ne.jp/gatalym/top.htm

比賽開始，大家玩得滿身泥巴依然歡笑一片

鹿島舞蹈祭典（鹿島おどり）

　　昭和 37 年（1962 年）7 月 8 日時，鹿島地區遭遇洪水，堤防損壞得非常嚴重，當地稱為「78 水害」。隔年夏天，鹿島青年會議所的成員們，為了要讓村民從水害消沉的意志中振作起來，開始有了這個「鹿島舞蹈祭典」。

　　近幾年活動都於 8 月上旬舉行，地點在鹿島車站廣場、中心商店街上，舞蹈歌曲主要是「鹿島一聲浮立」、「鹿島小唄」、「鹿島節」這三首，舞曲的高昂旋律，配合著舞者的熱情舞蹈，非常熱鬧。

　　熱血沸騰的祭典上，穿著美麗浴衣，一邊觀看活動進行、一邊遊走在路上，再買個鳳梨冰、章魚燒品嘗，悠閒享受日本祭典吧！

Data

鹿島舞蹈祭典
◎ 地點：鹿島車站廣場
◎ 交通：JR「鹿島」站。
◎ 開放時間：每年 8 月上旬。
◎ 網址：www.facebook.com/kasima.odori

鹿島舞蹈祭典

大人、小孩都跳著舞

來向大叔買支鳳梨冰，順便玩玩小遊戲吧！

鹿島黑兵衛的知名黑糖點心

不少民眾穿著浴衣前來參加祭典

佑德稻荷神社

　　稻荷大神，自古以來被視為保佑農產豐收的五穀守護神，隨著時代變更、商業發展、風土民情改變，稻荷大神就像臺灣的媽祖一樣產生了變化，漸漸演變為保佑事業順利、家運昌盛、交通安全等的萬能大神。日本境內有無數座稻荷神社，其中佐賀鹿島的佑德稻荷神社，與京都的伏見稻荷神社、茨城縣的笠間稻荷神社，並稱為三大稻荷神社，這裡每年的參拜人次高達 300 萬以上。

　　稻荷大神的使者是狐狸，狐狸的由來有各種說法，有些是說大神派遣狐狸發送稻米給百姓們，有些是說狐狸會幫助農家獵捕田中的老鼠，也有些是說主神的別名讀音與狐狸的古字發音相同，久而久之狐狸就被視為稻荷大神的使者，甚至進一步被當作神明供奉。

　　稻荷壽司一詞的由來，也是從這個狐狸使神開始，其一是農民們相信狐狸在捕鼠以外，還喜歡吃炸油豆腐皮，因此也會以此供奉狐狸使神；其二是炸好的油豆腐皮呈現金黃色，與狐狸的毛色相近，三角形又狀似狐狸的耳朵，所以將保佑稻米豐收的稻荷一詞冠上，成了狐狸壽司。順道一提，關東的稻荷壽司是四角形的，相傳是仿照用稻草編織而成、包裝米的圓柱；關西是三角形，相傳是為了維持狐狸耳朵的形狀。

Data

> 佑德稻荷神社
> ◎ 地址：鹿島市古枝 1855
> ◎ 交通：JR「肥前鹿島」站，搭乘佑德巴士「佑德稻荷神社」下車，步行約 5 分鐘。
> ◎ 網址：www.yutokusan.jp

肥前鹿島站

佑德稻荷神社

神社內還有許多小神社與鳥居

御守與各種籤

繪馬

爬了很多階梯後由上往下看的風景

告示標明，希望大家不要把籤綁到樹上

庭園內

有田陶瓷主題公園

以德國 Zwinger 宮廷為範本，建造而成的有田燒陶瓷主題公園，豪華的城堡和宮殿，讓人產生到底是日本還是歐洲的錯覺，這裡還是日劇《黑執事》的取景地。

宮殿內展出江戶、明治時期大量輸出歐洲的有田燒，當時歐洲並沒有陶瓷器，在王公貴族之間刮起一陣收集風潮，有田燒也因此大放光彩。其中最驚人的是，曾於 1873 年維也納萬國博覽會中展出、高約 182 公分的巨大花瓶。

可以預約有田燒工房的捏陶、彩繪等體驗活動，現場還有機會看到很多角色扮演者來拍照。

小地圖

Data

有田陶瓷主題公園
◎ 地址：西松浦郡有田町戶矢乙 340-28
◎ 交通：JR「有田」站下車，搭計程車或開車約 10 分鐘。
◎ 開放時間：平日 09:00 ～ 16:00；週六、週日、假日 09:00 ～ 17:00。
◎ 票價：免費入園
◎ 網址：www.nonnoko.com/app
◎ FB：有田ポーセリンパーク

1~2 有田燒陶瓷公園

陶瓷歷史館

有田陶器市——有田町

　　佐賀縣有田町是日本瓷器發祥地，每年 4 月 29 日到 5 月 5 日，在佐賀縣 JR 上有田站至有田站周邊會舉行一個大型陶瓷市集，沿路都是店家還有攤販，範圍約長達 4 公里左右，平常寧靜的鄉里吸引了從全國各地前來，高達 100 萬人以上的訪客，十分熱鬧。在市集內可以買到物美價廉的有田燒、DIY 陶器、欣賞精美的陶器藝術品，喜愛陶瓷的遊客千萬不能錯過。

活動期間的臨時列車車票

> **Data**
>
> 有田陶器市——有田町
> ◎ 地點：上有田站至有田站一帶
> ◎ 交通：JR「有田」或「上有田」站下車，步行前往。活動期間會有 JR 九州的臨時列車「快速有田陶器市號」、「博多発　特急みどり號」、「ハウステンボス號」，在上有田站臨時停車。
> ◎ 網址：www.arita-toukiichi.or.jp

有田陶器市海報

街上的鯉魚旗

JR 有田站

價格親民、圖案可愛的陶器

熱鬧的街上，大家來挖寶吧！

手繪屬於自己的陶器

伊萬里市

　　原本是由移居至此的韓國工匠發現這裡的土質適合製陶，從 17 世紀的江戶時代起開始生產陶器，三面環山的伊萬里市左邊是海港，據說在此處製造的陶器，包括有田、波佐見、三川內等地所製造的，都會搬運到伊萬里海港出海，所以才冠上伊萬里之名。當時的鍋島藩會將伊萬里的陶器當作禮物贈送給其他大名，或是進獻給幕府將軍，是所謂的御用品，後來歐洲向日本訂製陶瓷器後聲名遠播至海外，使 Imari 一稱沿用至今。有田燒與伊萬里燒基本來說是同一系。

　　現在老師傅們也承襲古法，以傳統的方式製作陶器，好比中國的景德、臺灣的鶯歌，在小鎮的四處都能看到巨大的陶瓷工藝品，如位在商店街入口的兩座伊萬里美人，或是相生橋上的陶偶、花瓶等。

　　順道一提，肉質高級、媲美松阪牛的佐賀牛與伊萬里牛，是來自相同的血緣，據說因為農業組織不同的關係，不能以佐賀牛的名稱販售，但伊萬里牛也是高級品，只適合飼養在看得到海且通風良好的山坡地，並且需要細心照料，所以產量非常少，不來產地還吃不到呢！

 Data

佐賀伊萬里市
◎ 交通：從福岡機場的巴士站搭乘「昭和自動車」巴士到「伊萬里」，車程約 2 小時；也可以從福岡搭乘 JR，在「有田」站轉車往「伊萬里」。

大川內山‧鍋島藩窯公園

　　鍋島藩主為了不讓製陶的技術外流，特別將有田的製陶工匠都集中到大川內山中，據說當時只讓人進入，不讓人離開，對從此與家鄉告別的製陶工匠們，其實是一段悲傷的歷史，也因此這裡又稱「祕窯之里」。到處都是製陶相關的物品，包括製陶師傅的家、磚砌煙囪、燒窯，以及使用陶製品妝點的廣場等，山水相呼應，來到此處猶如置身畫中。從17世紀至今擁有400年的歷史，大川內山已改名為「鍋島藩窯公園」，有眾多商家販售各種不同風格、價位、款式的陶瓷器。

Data

　大川內山‧鍋島藩窯公園
◎ 地址：伊萬里市大川內町乙1806
◎ 交通：在JR「伊萬里」站，搭來西肥巴士（往大川內山方向）「大川內山」下車，步行約1分鐘。
◎ 網址：www.imari-ookawachiyama.com

Info

☆ 伊萬里燒小知識
　　若要簡單分類伊萬里燒，可從色澤下手，分別是色鍋島、鍋島染付、鍋島青瓷。
‧色鍋島：在淨白的陶瓷上以紅、綠、黃為基調著色。
‧鍋島染付：以藍色在白瓷上作畫，呈現典雅、沉著的氛圍。
‧鍋島青瓷：以青瓷原石製成的釉藥著色後燒製而成，呈現自然的青綠色。

1~4 鍋島藩窯公園

5-6 風鈴街

各種祭典

JR 伊萬里站

街上充滿陶器藝文

1

2

1~2 相生橋上也展示陶器
作品

在這深山中的陶器街，為了吸引觀光客及推廣陶器的傳承，一年中規劃出許多與陶器相關的祭典。初春時是配合女兒節推出的陶瓷人偶，或是繪有人偶或桃子等圖案的限定商品、象徵好緣分的器皿——緣起皿。正式進入春天後的整個4月則是「春的窯元市」，雖然號稱比起往常能以更便宜的價格購入伊萬里燒，但畢竟曾是幕府御用的陶瓷器，大概也不會便宜到哪裡去呢！

夏天時舉行近一個半月的風鈴季，在開幕時會舉辦陶瓷碗的演奏會，類似敲木琴或水晶杯，呈現陶碗獨特的音色。每戶人家會將自製的風鈴掛在門口邊，隨著風吹搖曳，清脆的鈴聲響遍老街，炎熱的夏天也隨之顯得清爽。期間還會販賣限定數量的新作風鈴。在7月中、下旬會舉辦瓦燈籠祭，由到場的民眾幫忙將數千個耐火磚點上燭火，用以裝飾整個大川內山，充滿浪漫的氣氛。

鍋島藩窯秋祭則是於11月舉辦，約莫只有5天，可以同時欣賞古樸老街、楓葉與陶器，推出的限定數量組合是甜點加上一個伊萬里燒盤子，包裝精緻，也可以拿來當作土產。這個祭典的其中一環是「獻上式」，重現古時進獻陶瓷器的儀式，已推行超過20年，2015年時是向總理安倍晉三獻上花瓶，連新聞都有報導。

Data

各種祭典
◎ 地址：伊萬里市大川內山町 1806
◎ 交通：在JR「伊萬里」站，搭乘西肥巴士（往大川內山方向）
　　　　「大川內山」站下車即是。
◎ 活動日期：請上官網確認。
◎ 票價：免費
◎ 網址：www.imari-ookawachiyama.com/2015_furin

陶器商家資料館

　　這裡是陶器商人犬塚家的宅邸，建於 1825 年，在 1991 年改為資料館。

　　在江戶時代伊萬里有許多陶器商人活躍著，其中犬塚一家是數一數二的大戶，主要是將陶瓷器運往大阪、江戶（現東京）。

　　1 樓是展示、販售伊萬里瓷器之處，2 樓則是保存良好的家具、日用品、建物內部等。

Data

　　陶器商家資料館
◎ 地址：伊萬里市伊萬里町甲 555-1
◎ 交通：JR「伊萬里」站，步行約 5 分鐘。
◎ 開放時間：10:00 ～ 17:00
◎ 公休：週一，遇假日順延。
◎ 票價：免費參觀

1-4 陶器商家資料館

美食介紹

季樂福岡店

前菜沙拉及紅酒

牛排套餐

季樂佐賀牛

　　一般提到日本的牛肉，大多會先想到神戶牛、近江牛等，但其實佐賀牛可與前兩者並稱三大。從昭和時期開始由當地農家著手研發，以發育較快的乳牛與肉質纖細的黑毛和種牛配種，結合兩者的優點，漸漸在肉品市場中打響了佐賀牛的名號，肉質特色是脂肪細膩且緊實度高。

　　接著從生產跨足到餐飲，於 1993 年推出佐賀市內直營的餐廳「季樂」，除了佐賀本店，在博多、鳥栖、東京銀座也有分店，全都採用新鮮直送的佐賀牛肉。本店從佐賀車站出來步行約 10 幾分鐘就能到達，外觀為日式風格、裝潢氣派；博多店與一蘭拉麵總本店在同一條路上；鳥栖店就在 Outlet 裡，可以依據行程選擇在哪間分店享用。

　　季樂的餐點分成兩部分，午餐的牛排定食、鐵板料理，晚餐則多了涮涮鍋、壽喜燒、燒烤牛排、竹籠蒸煮等選擇。牛肉的等級從低到高是國產牛、和牛、佐賀牛，因此這裡的餐點價格會比較高，餐點的搭配也強調使用佐賀產的米，飲料則是嬉野紅茶。

Data

　　季樂佐賀本店
◎ 地址：佐賀市大財 3-9-16
◎ 交通：JR「佐賀」站南口，步行約 10 分鐘。
◎ 電話：095-228-4132
◎ 開放時間：午餐 11:00 ～ 15:00，最終點餐時間為 14:00；晚餐 17:00 ～ 22:00，最終點餐時間為 21:00。
◎ 公休：每月第二個週三。
◎ 網址：jasaga.or.jp/kira

嬉野溫泉飯店高級套餐——
櫻飯店（ホテル桜）

在溫泉街上抬頭遠望偶爾可以看到大大的「櫻」字，外觀看起來並非傳統民宿，是一家結合濃厚日式風格的飯店，位在嬉野溫泉街上的繁榮地段，內有天井和電梯。大型的和式套房可容納 2～6 人，房間內提供免費的日式小點和綠茶包，壁櫥內有睡覺用的棉被和日式床墊，工作人員會趁客人外出時悄悄進來幫忙鋪床。

只要在這裡住宿就可以享受頂樓的溫泉，分為男湯、女湯，能夠邊泡湯邊眺望嬉野市的街景。飯店裡的料理強調都是採用當季新鮮食材，可以享用到佐賀牛，以及有明海的海苔，早、中、晚餐皆有供應，價位也有所不同。除了在餐廳用餐，也能向飯店人員要求在房間裡享用，可以喝著啤酒盡情暢談且保有隱私。

櫻飯店

房內

女將幫忙倒茶

窗外景色

 Data

櫻飯店
◎ 地址：嬉野市嬉野町下宿乙 1021
◎ 交通：巴士「嬉野溫泉」下車，步行約 10 分鐘。
◎ 電話：095-442-3000
◎ 網址：www.hotel-sakura.co.jp

1-4 在房間內享用豐盛的高級套餐

房內也可泡湯

長崎

長崎的交通

路面電車

　　長崎的景點大多都可以透過路面電車到達，所以在這邊主要介紹路面電車。長崎的路面電車票價與距離無關，無論只坐一站或從頭坐到尾都是 120 円，小學生以下則是 60 円，因此車上沒有整理券。乘車方式一律是從後方上車、前方下車，接近要下車的車站時需按下車鈴。下車時再投入車資即可。

　　共有 1、2、3、4、5 等五個系統，但由於發生路面電車交通意外，3 號系統往赤迫方向自 2016 年 2 月 29 日起停運，預計在 2016 年 6 月工程結束並檢查沒有問題後重新恢復運行。

　　各號系統都有部分重疊的站，但唯一可以進行轉乘的只有在築町站交會的 1 號和 5 號，在築町站下車時向駕駛說「乗り継ぎ」，即表示要繼續乘車的意思，駕駛就會拿出一張票給你，在轉乘後下車時投入票券即可。

　　搭乘路面電車時最讓人困擾的在於，到底哪邊才是開往自己要去的車站，其實只要看月臺兩側上方的標示，除了終點站，一些較大的站名也會標示，若在有兩、三線交會的車站，唯一的判別方式就是電車正面的螢幕，所以要格外留意才不會搭錯方向。

長崎車站到了

下車後可看見御朱印船

長崎車站外觀

　　各線的運行時間最早是 06:00 多，最晚到 23:00 多，09:00 ～ 20:00 各線有規定的運行間隔時間，其餘時間則是照表規定發車。

路線	發車間隔
1 號	每 5 分鐘 30 秒
2 號	每 8 分鐘 30 秒
4 號	每 12 分鐘
5 號	每 8 分鐘

長崎車站內

長崎路面電車候車處

長崎路面電車

長崎路面電車內

長崎電車 1 日乘車券

中學生以上的大人只要 500 円、小孩只要 250 円，就可以在一日內不限次數搭乘路面電車，使用日期僅限發售當日，只要將蓋有當日日期的乘車券出示給駕駛看即可，在築町也不需要拿取轉乘券。

1 日乘車券上有電車的地圖，也有景點介紹，非常方便。車內並不販售，要在長崎車站的觀光案內所購買。

長崎有許多景點都還算密集，以步行就能抵達，可以依據個人的行程規劃考量是否需要購買 1 日券。

長崎路面電車路線圖

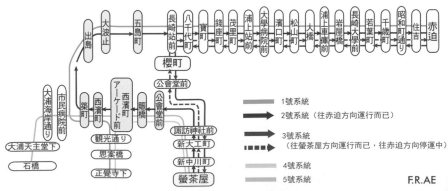

F.R.AE

長崎市

　　江戶時代德川幕府開始實行針對外交、貿易的鎖國政策，只開放長崎作為荷蘭和中國的通商口岸，其餘還有對當時琉球王國、薩摩藩的琉球口；對朝鮮的對馬口，以及對現在北海道的蝦夷口。

　　長崎因此出現了各式各樣的教堂，以及西洋建築、中國的食物文化，還有中華街，進而催生了改革日本思想的明治維新，更有二次世界大戰時被投下的原子彈，長崎的觀光名勝皆與以上有關。

前往：佐世保市、豪斯登堡、
西海國立公園：九十九島水族館 海閃閃

稻佐山

日本二十六聖人殉教地
（西坂公園）

JR
長崎站

前往：
原爆資料館

諏訪
神社

龜山社中
紀念館

眼鏡橋

風頭公園

前往：
島原城

中華街

大浦
天主堂

哥拉巴園

F.R.AE

二十六聖人殉教地

在 16 世紀時，豐臣秀吉頒布禁教令，起初還是有許多人不願意放棄信仰，因此被逮捕的 26 人（包含 20 位信徒、6 位修士），遭下令從大阪、京都等地帶到長崎西坂的小山丘上處死，刻意選擇與西方接觸最深的長崎，大概也有殺雞儆猴的意味。這個事蹟被記載，並在歐洲傳開，數百年後的 1862 年受到羅馬教宗的宣揚，此 26 人才被列為聖人。

二十六聖人的銅像

在列聖滿百周年時，在西坂之丘建立了殉教紀念碑，26 聖的紀念館也跟著開館，內部介紹當時基督教、天主教來到長崎的資料與歷史。西坂之丘可免費參觀，紀念館則需要購買門票。

諏訪神社

在長崎這裡諏訪神社被通稱為鎮西大社，供奉的分別是保佑去除厄運，以及有益結緣的主神——諏訪大神和森崎大神，另外也有供奉保佑海上安全、漁業豐收的住吉大神。

在馬路上老遠就可以看到白色鳥居，抵達諏訪神社前要走上一小段路、經過幾個鳥居，再爬一道不短的階梯。穿過第一道大門的左前方就是社務所，有販賣御守，還有開放場地租借舉辦結婚典禮等。

右手邊則是參拜前洗手、漱口的「水手舍」，再往右手邊則是「神輿倉」，擺放著三座神轎，讓平時來參拜的民眾可以感受到 10 月舉辦的長崎くんち的魅力。再爬上一小段階梯可以參拜正殿，小階梯旁種有櫻花樹，每年的 4、5 月會開花。

諏訪神社外的鳥居

神社內部有各式各樣的狛犬石像，分別有各自的祈願方式，最有趣的為「止め事成就の狛犬」，是保佑將某件事情就此打住，如祈求戒酒、戒菸、不要落榜等；此外還有頭上有盤子以澆水來祈禱的狛犬；或是用狛犬嘴吧吐出的水來清洗錢幣，以增加財運等；據說共有六種，不妨試著找找看。

諏訪神社的周邊還有東照宮、玉園稻荷、月間茶屋、長崎市動物園，可以一併觀覽。

諏訪神社

Data

二十六聖人殉教地
◎ 地址：長崎市西坂町 7-8
◎ 交通：JR「長崎」站，步行約 5 分鐘。
◎ 開放時間：09:00 ～ 17:00，偶有活動時會延長開放時間。
◎ 公休：12 月 31 日～ 01 月 02 日。另有臨時休館，請上官網確認。
◎ 紀念館票價：成人 500 円，高中、中學生 300 円，小學生 150 円。

諏訪神社
◎ 地址：長崎市上西山町 18-15
◎ 交通：路面電車「諏訪神社前」，步行約 3 分鐘，看到階梯即是。
◎ 網址：www.osuwasan.jp

長崎くんち（長崎宮日節）

　　諏訪神社的秋季祭典，是為了感謝神明並祈禱豐收而向神明進獻的表演，據說這個祭典的起源是 17 世紀時，兩名信女在神社前奉納歌謠「小舞」，因此除了抬神轎的遊行，還可以看到奉納舞蹈、結合中國風情的舞龍舞獅等。

　　長崎くんち（發音 Kunchi），與福岡的博多おくんち（發音 Okunchi）、佐賀的唐津くんち，並稱為日本三大くんち，是三大抬神轎的節慶。

中華街

　　與橫濱、神戶的中華街並稱日本三大。在江戶時代鎖國政策之下，長崎作為對中國的貿易港口，想當然耳這裡聚集了眾多的中國人，也把飲食、節慶等的文化傳播到這裡。

　　這個中華街有東、南、西、北門，各個門的內側雕刻有神獸，北門玄武、南門朱雀、東門青龍、西門白虎，整體來說 20 分鐘就可以逛完。值得特別留意的是，整條街都在賣長崎版什錦麵「ちゃんぽん」，源於為了讓口袋不深的學生們能夠吃到健康又有飽足感的料理，故放入大量的蔬菜及麵，即便在中華街也只要 800 円上下就可以享用，分量十足，建議兩個人吃一份，再加點一些小菜。

正門

江山樓

中華街走到底是湊公園

Data

　長崎くんち（長崎宮日節）
◎ 地點：諏訪神社、公會堂前廣場、八坂神社周圍
◎ 活動時間：每年 10 月 7、8、9 日。
◎ 網址：nagasaki-kunchi.com

　中華街
◎ 地址：長崎市新地町
◎ 交通：路面電車「築町」站，步行約 1 分鐘。
◎ 營業時間：11:00 ～ 21:00
◎ 網址：www.nagasaki-chinatown.com

中華街街道

紅燈籠

老李臺灣料理

中華街新地的正門正在整修中

這就像是日本版的刈包

每家店都會做出什錦麵的模型

炒飯模型

中華街內的廟宇

蘇州樓

大浦天主堂

　　為日本現存最古老的教會建築。因為豐臣秀吉的命令，26名天主教徒遭到處死，隔年，法國的傳教士來到長崎，為了紀念這26位殉教的聖人，建造了朝向殉教地西坂的這座天主教堂。

　　自19世紀竣工起，在明治期間因為信徒漸增而於木造建築之外，又以磚瓦擴建，風格變為哥德式建築。於昭和8年被指定為國寶，之後因原子彈爆炸而受損、歷時5年修復，終於成為今日所見的風貌。

Data

　　大浦天主堂
　◎ 地址：長崎市南山手町 5-3
　◎ 交通：路面電車「大浦天主堂下」站，步行約 5 分鐘。
　◎ 開放時間：08:00 ～ 18:00，偶有活動時會延長開放時間。
　◎ 公休：全年無休
　◎ 票價：大人 600 円，高中、中學生 400 円，小學生 300 円。
　◎ 網址：www1.bbiq.jp/oourahp

前往天主堂的街道

岩崎本鋪，角煮饅頭

長崎蛋糕神社

和臺灣刈包相似度頗高的長崎名物，角煮饅頭

大浦天主堂

祈禱之丘繪本美術館

哥拉巴園

　　19 世紀長崎開港通商後，英國商人來日進行商業活動，並且在長崎闢建住宅，較知名的有 Glover、Ringer、Alt 等三個家族的住宅，各自由於種種原因輾轉經手多人，也在不同時期增建了不同用途的建物，像是造船廠的員工宿舍、法庭、學校、西洋料亭等，這些建築物被遷移到 Glover 的宅邸附近，經過數十年的整理才被稱為哥拉巴園。

　　Glover 的宅邸被認定為是日本現存最老的木造洋式建築，親日的 Glover 在日本經商、與名為 TSURU 的藝伎結婚，然後於此建造了宅邸。

　　據說 Glover 的日本太太就是美國作家 John Luther 所創作短篇小説《蝴蝶夫人》的原形，TSURU 娘家的家徽是蝴蝶，小説中蝴蝶夫人與美國軍官的家以 Glover 的宅邸為原型，因此園內建造了蝴蝶夫人及她兒子的雕像，以紀念這個淒美的愛情故事，對小説有興趣者不妨仔細看看宅邸與書中所描述的是否一致。

　　另外，在園中鋪設的石材裡，有兩處是愛心形狀的石頭，據說如果情侶找到這兩個石頭，戀愛就能圓滿。

Data

哥拉巴園
◎ 地址：長崎市南山手町 8-1
◎ 交通：路面電車「大浦天主堂下」站，步行約 8 分鐘。
◎ 開放時間：08:00 ～ 18:00；4 月 24 日到 5 月 5 日、7 月 17 日到 10 月 9 日 08:00 ～ 21:30；12 月 22 ～ 25 日 21:00。
◎ 公休：無，若因季節或氣候閉園，時間可能變動，詳情請上官網確認。
◎ 票價：大人 610 円，高中生 300 円，中、小學生 180 円。
◎ 網址：www.glover-garden.jp

1~2 哥拉巴園

眼鏡橋

眼鏡橋側拍

坂本龍馬雕像

眼鏡橋

位在長崎市中心的中島川上有無數座石橋，而眼鏡橋建於 17 世紀，是日本最古老的拱形石橋。因為中間的石柱而形成了兩個半圓拱形，搭配河川中的倒影呈現眼鏡的形狀，所以稱為眼鏡橋，被指定為國家文化財，與山口縣的錦帶橋、東京都銀座的日本橋，並稱日本三名橋。

中島川沿路上有許多可以往橋下走的階梯，站在川中的石塊上能拍到完整的眼鏡橋，橋底下還埋有愛心形狀的石頭，若有時間不妨尋找看看。

坂本龍馬雕像（風頭公園）

春天櫻花綻放、初夏繡球花盛開，隨著四季更迭，在風頭公園中，日本幕府末期的英雄坂本龍馬一年到頭都佇立於此。

在踏進風頭公園前會先看到滿滿的櫻花，然後在展望臺才會看到龍馬雕像，其背後豎立了一支「海援隊」的紅白紅旗幟，旗幟架設得有點歪，或許是為了讓遊客能夠拍到更好的角度吧！

在櫻花盛開時可以拍攝龍馬雕像與櫻花相互輝映的照片，對著雕像背影則可以拍攝龍馬遠望天空的照片，稱得上是龍馬迷的拍照好地點。與這座雕像拍張照，也算是跟龍馬站在同一塊土地上吧！這裡地勢較高，夜景不輸給稻佐山。

 Data

眼鏡橋
◎ 地點：長崎市魚之町、榮町，
　　以及諏訪町、古川町之間。
◎ 交通：路面電車「公會堂前」，
　　步行約 5 分鐘。

坂本龍馬雕像
◎ 地址：長崎市風頭町伊良林 3 風頭公園
◎ 交通：從 JR「長崎」站，搭乘長崎巴士往風頭山，車程約 25 分鐘，「風頭山」站下車，步行約 10 分鐘。
◎ 開放時間：自由參觀

龜山社中紀念館

　　坂本龍馬在神戶的海軍操練所，學習了駕駛船的技術，後來海軍操練所被關閉，就與一群同伴接受了薩摩藩（今鹿兒島），以及長崎商人的援助，在長崎的龜山成立了日本第一個有限公司——龜山社中。透過商業貿易獲得利益，同時也訓練航海術，為了日本而努力著，後來龜山社中改稱為海援隊。

　　在路面電車新大工町站下車後，還需要走一段上坡加階梯才會到紀念館，路上會看到靴子放大版的龍馬銅像，還有船舵，靴子的尺寸大到讓人疑惑是否要把腳放進去拍照。

　　紀念館內有些地方不能拍照，但一般常見的那張——龍馬斜靠在桌子旁的照片，以及武士刀則可以拍照。在場的一些其他文物是複製品，用以還原當年的龜山社中。

Data

　　龜山社中紀念館
　◎ 地址：長崎市伊良林 2-7-24
　◎ 交通：路面電車「新大工町」站，步行約 7 分鐘。
　◎ 開放時間：09:00 ～ 17:00
　◎ 公休：全年無休
　◎ 票價：一般 300 円，高中生 200 円，中、小學生 150 円。
　◎ 網址：www.city.nagasaki.lg.jp/kameyama/index2.html

龜山社中外觀

龜山社中的龍馬圖像

稻佐山夜景

淵神社、高空纜車指標

稻佐山巴士站下車

下車後得先爬一段小山坡

淵神社鳥居

淵神社淨手處

登上只有 300 多公尺而已的稻佐山，公園內有展望臺、戶外舞臺、噴水廣場等，長崎市出身的福山雅治、平井堅、MISIA 等都曾在這個戶外舞臺上舉行過演唱會，從展望臺往下眺望可以遠看到長崎港、女神大橋等。

因為夜景出名，所以交通方式也意外地有很多選擇。若要到淵神社站搭乘高空纜車，可以選擇從 JR 長崎站出發，步行約 20 分鐘；或是搭乘免費接駁巴士（19:00 從 Belleview Hotel 出發，經 JR 長崎站，每 30 分鐘一班）前往淵神社站（車程約 10 分鐘），接著搭乘高空纜車（15～20 分鐘一班）直達山上的稻佐岳站（車程約 5 分鐘），沿著走廊再走一段路就會到達展望臺。

比較便宜的方式是在 JR 長崎站前搭乘 5 號巴士，到稻佐山公車站後下車，步行約 15 分鐘抵達展望臺，記得要拿乘車券，下車時才知道票價喔！

Data

稻佐山夜景
◎ 地址：長崎市稻佐町 364-1
◎ 交通：路面電車「寶町」站下車，步行約 20 分鐘即達。另有接駁巴士，但運行時間為 19:00～22:00。或是從長崎站搭乘往稻佐山的 5 號巴士，在終點站「稻佐山巴士站」（佐山バス停）下車。
◎ 開放時間：09:00～22:00。
◎ 免費接駁巴士站：ホテルベルビュー長崎出島、ホテルモンテル長崎、ANA クランプラザホテル長崎グラバービル、ホテルニュー長崎、JR 長崎站、ベストウエスタンプレミアホテル長崎、長崎ループウエー淵神社站，運行時間 07:00～22:00。
◎ 高空纜車來回票價：大人 1,230 円，高中、中學生 920 円，小學生以下 610 円。
◎ 纜車暫停營運期間直行巴士來回票價：大人 1,000 円、小學生以下 800 円。
◎ 網址：inasayama.net

淵神社參拜處

長崎高空纜車站到了

長崎高空纜車售票處

搭乘纜車前可先拍個紀念照

搭乘纜車中，前往稻佐山

稻佐山站到了

下覽車後得先走一段路

日本三大夜景之一，稻佐山

稻佐山夜景觀景臺

傍晚的景色

浪漫美麗的稻佐山夜景

原爆資料館

　1945 年 8 月 9 日上午，長崎被投下了原子彈，當時長崎人口大約 24 萬，原爆造成其中近三分之一的市民死亡，第二次大戰就此結束。

　館內可以看到很多祈願的紙鶴，並且展示當時的物品，以了解當時原爆的威力，氣氛有些凝重。除了長崎的物品展示，也有針對原子彈及現在各國持有核武器的介紹，讓人感受到軍備武器的威力與震撼，進而在內心產生維護世界和平的信念。

　戶外的原爆中心地紀念碑，是當時幾近全毀的浦上天主教堂遺跡。還有耗時 5 年才完成的和平祈念像，一手指天、象徵從天而降的原子彈，一手平行、象徵世界和平。

指標清楚，目的地好找

歷史民宿資料館可免費參觀

館內展示的過去遺跡

平和會館、歷史民宿資料館、野口彌太郎紀念美術館在同一建築

館內有許多祈願和平紙鶴

原爆資料館門口

國立長崎原爆死沒者追悼平和祈念館

原爆殉難者紀念碑

在原爆殉難者紀念碑旁的平和公園

針擺停在爆炸當下時刻

Data

原爆資料館
◎ 地址：長崎市平野町 7-8
◎ 交通：路面電車「濱口町」站，步行約 5 分鐘。
◎ 電話：095-844-1231
◎ 開放時間：9 月到隔年 4 月 08:30 ～ 17:30，5 月到 8 月
　08:30 ～ 18:30，8 月 7 日到 9 月 08:30 ～ 20:00。圖書室與演
　講廳開放時間略有不同，詳情請上網查詢。
◎ 公休：12 月 29 ～ 31 日
◎ 票價：大人 200 円、高中生以下 100 円。可租借語音導覽（提
　供中、英、日、韓、西語），每臺 154 円。
◎ 網址：www.nagasakipeace.jp

當年投下長崎的原子彈別稱為
「小胖子」（Fatman）

島原城

　　從長崎市區要來到島原市，約需搭 2 小時的電車，在 JR
島原站下車後，再走一段路就會到島原城跡公園，明明可以看
到完整的天守閣造型，為什麼要說是城跡呢？原來，17 世紀
建造的島原城，在明治期間受到廢城制縣的處分而被拆除，直
到 1960 年才重新建造。

　　城內 1～4 樓展示著島原城的歷史文物，大多都不能拍照，
公園內種滿櫻花，草木整修完善，公園不大，約 30 分鐘內就
可以逛完。

Data

島原城
◎ 地址：島原市城內 1-1183-1
◎ 交通：JR「島原」站，步行約 5 分鐘。
◎ 開放時間：09:00 ～ 17:30
◎ 公休：12 月 29 ～ 30 日
◎ 票價：成人 540 円，高中生以下 270 円。
◎ 網址：shimabarajou.com

島原城

島原城遠拍

佐世保市

西海國立公園：
九十九島水族館

  提到九十九島水族館，很多人可能會誤以為水族館是在海上那 99 座島嶼之中，但實際上卻有 208 座島嶼呢！西海國立公園包含九十九島區域、五島區域、平戶區域，是全日本第十八座國立公園，以豐富的海洋島嶼資源聞名。

  開放給民眾參觀、學習的是西海珍珠海洋遊覽區，位在陸地上的遊覽區包含九十九島水族館——KiRaRa、餐飲購物區、海鮮市場、遊覽船搭船區等。

  這裡最大的賣點是，可以從養殖的珍珠貝中親手取出珍珠的體驗，一次 600 円。來到這裡什麼都不用擔心，很多步驟都會由工作人員幫忙處理好，只要挑選一個蚌殼、打開、夾出珍珠、交給工作人員即可。工作人員會幫忙清洗乾淨、裝袋，可以選擇只拿出珍珠帶回家，也可以加價製成項鍊、鑰匙圈、飾品等。

  此外，讓人驚豔的是各個水槽中

九十九島水族館外觀

水族館大廳，日本前朱印船

近距離與海洋生物相會

巨大強健的海龜

測驗看看自己能讀出幾個漢字（翻開有讀音）

與海豚互動

療癒系的水母

取出珍珠後可加工製
成各種飾品

使用工具把珍珠取出

美麗的項鍊墜子（加工後）

佐世保漢堡很有名氣

九十九島遊覽船，珍珠皇后號

九十九島海賊遊覽船

120 種、13,000 多尾的海底生物，彷彿日劇中在水族館約會的感覺呢！這裡展示的水母數量相當多，而且漂亮，B1 還有水母研究室，展出許多珍稀品種的水母。搭配特殊燈光與浪漫的音樂，非常療癒。

1 樓有處開放水槽，供遊客觸摸海星、海參等，請記得動作要輕柔，摸完後要洗手，但前提是要有伸手去摸的勇氣。2 樓戶外有海豚戲水池，可以與海豚互動，丟球給牠們，牠們會頂回來，超可愛，海豚秀的時間是 10:20、13:20、15:20。

紀念品店內有限定的水母布娃娃，還有一堆海產製品，逛完可以到水族館外的餐廳用餐，有很多選擇，如佐世保漢堡、義大利麵、拉麵等。

Data

西海國立公園：九十九島水族館
◎ 地址：佐世保市鹿子前町 1008
◎ 交通：從 JR 佐世保站，搭乘巴士（1、6），往「パールシーリゾート 九十九島水族館」方向。
◎ 電話：095-628-4187
◎ 開放時間：3 月到 10 月 09:00 ～ 18:00，11 月到隔年 2 月 09:00 ～ 17:00。
◎ 票價：一般 1,440 円（高中以上），4 歲～國中生 720 円。
◎ 網址：www.pearlsea.jp/chinese2
　　　　www.pearlsea.jp/umikirara

取珍珠體驗
◎ 體驗費：1 次 600 円。
◎ 所需時間：約 5 分鐘。

豪斯登堡列車　　　豪斯登堡車站

高大的建築物映入眼簾　　豪斯登堡正門　　　　　園區街景

豪斯登堡

　　真正的豪斯登堡宮殿在荷蘭海牙，最早是 17 世紀時由波西米亞國王委託興建，之後宮殿多次易主、歷經戰爭，最後確定由荷蘭所有。

　　日本的豪斯登堡樂園再現荷蘭街道、豪斯登堡宮殿，在海內外頗負盛名，面積幾乎等於東京迪士尼樂園加上迪士尼海洋那麼大。在長崎內有特別設置的直達 JR 列車，連地名都叫「豪斯登堡町」，園內有超過數十種大大小小的遊樂設施，非常適合家庭出遊，但若完全不懂日文可能就會玩得有點辛苦。

　　除了遊樂設施，樂園內一年四季都有許多活動，甚至有煙火大會、音樂祭、萬聖節、聖誕節等，幾乎是每天都值得造訪，白天賞花、賞宮殿，晚上則點燈，將黑夜照得如同白晝。

　　這裡僅扼要介紹各個區域，還是強烈建議入場前拿一份繁體中文地圖，才不會迷路而花掉太多時間，畢竟此處可是有 21 個福岡球場那麼大啊！園內大致區分如下：

・**出入口**：樂園賣點之一的泰迪熊王國（テディベアキングダム），館內可以四處拍照，有與真人同高的泰迪熊，還有世界最大、高達 5 公尺的泰迪熊。參觀完出來左邊有泰迪熊專賣店。

購票處

正式入場前就看到海賊王人形立牌

與豪斯登堡字樣拍照

進入園區了

鬱金香人偶

- 花卉道路：一進場往左邊走，放眼可看到荷蘭風車、鬱金香，非常適合情侶前來拍照與散步。稍微注意一下右邊則會看到乳酪農家 Boerenkaas，店內展出、販售許多種起司，建議大家看完這間後，到世界市集的起司之城比較一下，再決定是否購買。

豪斯登堡正門

- 冒險公園：有大型迷宮 The Maze，以及挑戰膽量的天空之城（3 公尺高度為免費），適合有小孩的家庭一同遊玩。
- 娛樂設施城：比較讓人印象深刻的是偉大航程（グランオデッセイ），入館時工作人員會指導大家在螢幕前做 3D 掃瞄，將自己的臉套入按下來要看的電影，看著自己成為電影中的角色，相當不可思議，至於像不像就取決於個人的想法囉！還有在臺灣也風靡一時的超級魔法藝術館（スーパートリックアート），使用鏡子、繪畫等製造出忽大忽小、困在畫中的錯覺。

- 戰慄城：來到這裡要有被嚇的心理準備，如具有臨場感的監禁醫院（監禁病棟）、小小的日本怪談鬼屋（日本の怪談屋敷）、體驗高科技機臺打怪的數位鬼屋（デジタルホラーハウス）、使用了 800 公噸的水再現洪水來襲的冒險館（ホライゾンアドベンチャー・プラス）等，都很具震撼性。但實際玩過一趟後發現不懂日文的人可能會有點不知所措，畢竟所有的解說都是使用日文。

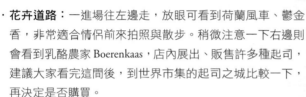

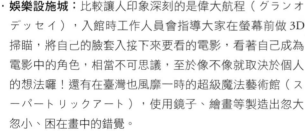

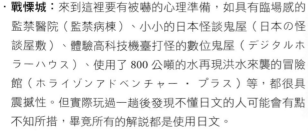

園區街景

海賊王系列活動

世界市集

阿姆斯特丹廣場

MUSS HALL 表演廳

泰迪熊王國

· **世界市集：**集美食與購物於一身，有起司之城、年輪蛋糕、橄欖油專賣店、文具、雜貨、珠寶等，即便沒有要購買也一定要進去看看，體驗夢幻繽紛的氛圍。

· **港口城：**港口城的餐廳都比較高級，盡頭處是豪斯登堡宮殿，宮殿內部是美術館，會不定期更新展覽主題，依據原先購買的票種不同，可能需要額外購買門票，不過在外觀處近看拍照則免費。2015 年 5 月後，長期進駐的海賊王千陽號改到愛知縣的樂園展出，因此喜愛海賊王的遊客要特別留意，以免撲空。

· **森林小別墅區：**踏入這裡有種與世隔絕的感覺，一間間的小屋若沒有特別說明，還真會有來到歐洲的錯覺。

· **高塔區：**在這裡一定要登上德姆特倫高塔，從高空俯瞰整個豪斯登堡樂園。

· **藝術花園區：**這邊有需要額外付費搭乘的摩天輪，白天顯得空曠，夜間點燈時會比較漂亮。

· **Wassenaar 別墅區：**在此特別介紹一下豪斯登堡樂園較不為人知的消息，就是樂園內居然有提供別墅承租與販售！若想購買，少說都要千萬日幣；而承租，一個月也要價數十萬日幣，因此隔著運河的另一端可都是有錢人呢！

　　最後，來到這裡千萬要注意回程時間，由於回去市區的最後一班新幹線發車時間為傍晚 4、5 點左右，因此最好先買票、劃位，並且設定手機鬧鐘，以免被夜晚的點燈吸引得流連忘返，而錯過最後一班車。不過當然也可以選擇入住這裡的飯店，在購買豪斯登堡門票時會有額外的折扣。

冒險公園

戰慄城

Data

豪斯登堡

◎ 地址：佐世保市豪斯登堡町 1-1

◎ 交通：從 JR「長崎」站，搭乘快速 Seaside Liner，車程約 1 小時 30 分鐘；或是從 JR「博多」站，搭乘特急「豪斯登堡」，車程約 1 小時 40 分鐘，都在「豪斯登堡」站下車。

◎ 開放時間：09:00～22:00。夜間有煙火、光之王國等活動時，營業到 23:00；跨年期間營業到半夜 02.00；最終入場時間都是 21:00。

◎ 公休：全年無休。各設施可能因維修，而各自有休館日。

◎ 票券類別：（適用於 2016 年 3 月 1 日到 9 月 30 日）

種類	內容	65 歲以上	18 歲以上	中學高中	4 歲～小學	備註
1 日票	指定收費遊樂設施	6,000 円	6,500 円	5,500 円	4,100 円	
2 日票		11,000 円	11,500 円	9,500 円	7,500 円	4 月 1～2 日、9 月 23～24 日除外
3 日票		14,300 円	14,800 円	13,300 円	10,000 円	3 月 31 日到 4 月 2 日、9 月 22～24 日除外

＊另有各種活動，像是夜間遊園、只入場觀光的散策券、玫瑰花祭等，票券價格還會有所微調，出發前請再次查詢。

◎日文網站：www.huistenbosch.co.jp

1~2 夜間點燈

3~6 園區街景

海賊王系列活動

冒險公園

夜間遊船

（廖睿妤 攝）

美食介紹

佐世保漢堡

二次世界大戰後，美軍在長崎設立基地，同時也把飲食文化引進，依照美軍傳授食譜做的漢堡，成了佐世保的名產。順道一提，日本人心目中的漢堡排是使用牛、豬絞肉，以及洋蔥等攪拌混合，再捏成厚厚的肉排，跟夾在漢堡裡面時的厚度差很多。

之後推出佐世保漢堡的認定制度，只有現烤現做的漢堡才稱為佐世保漢堡，對於內容物或大小並沒有任何條件限制，因此各家都有其招牌風味，大致是漢堡麵包夾牛肉排、生菜、番茄、起司，有的會加上培根，是兼具營養與分量的選擇。

在豪斯登堡內的漢堡店

以下介紹在日本網友心中的前四名店家，這四家在各個美食網上都不分軒輊地在前三名輪流出現，建議就地點遠近安排一家，或是拿一份佐世保漢堡地圖來尋訪吧！

現點現做的佐世保漢堡

LOG KIT

該店的 Special Burger，是直徑約 15 公分、重量達 500 公克的大漢堡，夾著漢堡排、雞蛋、培根、番茄和洋蔥。不吃牛肉的人可以選擇三明治、炸薯條、蘋果派等。除了佐世保中央車站附近的本店之外，在 JR 佐世保站內也有外帶區可以品嘗。

Hikari

號稱從昭和 26 年（1951 年）創立至今的老店，直到2014 年才在 JR 佐世保站旁開設 2 號店，總店在 LOG KIT 隔

魚排漢堡

壁，菜單上的漢堡種類非常多，據説放了酪梨的 Jumbo deluxe 漢堡最值得一試。

Big Man

據説是 1970 年販賣培根蛋漢堡的第一家。夾在漢堡中的培根大有學問，耗費了 2 ～ 3 天醃漬入味，再用櫻花木燻 7 小時後，才完成自家特製培根，因此來到這裡一定要品嘗元祖培根蛋漢堡。

MisaRosso

曾經登上電視節目的 MisaRosso，是當地人也會來吃的好店，現場顧客眾多。漢堡的麵包全是手工製作，每天都會傳出香噴噴的烤麵包香，餐點有漢堡、披薩、炸薯條、飲料等，人氣第一的選擇是雙層 Misa 堡。

Data

LOG KIT
◎ 地址：佐世保市矢岳町 1-1
◎ 交通：JR「佐世保中央」站，步行約 13 分鐘。
◎ 電話：095-624-5034
◎ 營業時間：10:00 ～ 20:00
◎ 網址：logkit.jp/top

Hikari
◎ 地址：佐世保市矢岳町 1-1
◎ 交通：JR「佐世保中央」站，步行約 13 分鐘。
◎ 電話：095-625-6685
◎ 營業時間：10:00 ～ 20:00
◎ 公休：每月第一、三個週三。
◎ 網址：www.hikari-burger.com

Big Man 京町本店
◎ 地址：佐世保市上京町 7-10
◎ 交通：JR「佐世保中央」站下車，步行約 2 分鐘。
◎ 電話：095-624-6382
◎ 營業時間：週一至週五 11:00 ～ 22:00；週末、假日 10:00 ～ 22:00。
◎ 網址：www.sasebo-bigman.jp

MisaRosso
◎ 地址：佐世保市万徳町 2-15（佐世保市役所後方）
◎ 交通：JR「北佐世保」站下車，步行約 10 分鐘。
◎ 電話：095-624-673
◎ 營業時間：10:00 ～ 20:00
◎ 公休：週一
◎ 網址：www.misarosso.com

長崎 Castela 蛋糕

提到長崎蛋糕就會聯想到蜂蜜蛋糕，但究竟有沒有加入蜂蜜呢？原始的長崎蛋糕據說是 16 世紀從葡萄牙或西班牙傳來，到了日本後，因應日本人喜愛的口感，作法與外觀都有改變，使用的材料是雞蛋、麵粉和砂糖，並沒有加入蜂蜜，比例也是單純的 1:1:1 而已，所以才改稱長崎蛋糕。

福砂屋

從 1621 年創始至今，一直保持當時的古法製作蛋糕，特徵是蛋糕底下沉澱的雙目糖顆粒，使咀嚼時更添香氣。其中五三燒蛋糕是減少麵粉的比例、提高雙目糖、砂糖和雞蛋的比例，讓蛋糕變得更柔軟、味道更濃厚。

福砂屋的蛋糕在長崎以外的各處百貨公司也都有販售，但僅長崎、福岡及東京有直營店。

福砂屋的長崎蛋糕（廖睿妤 攝）

文明堂

從 1900 年創店至今，也是百年老店的文明堂，除了一般的長崎蛋糕，還有原味、黑糖、福岡八女茶三種蛋糕組合；桃子造型的長崎蛋糕、三笠山、三笠山皮包著長崎蛋糕的單片蛋糕等，是兼具傳統與創新的蛋糕店。

在九州只有福岡、長崎、大分、熊本、鹿兒島有分店，比起福砂屋的蛋糕更難入手，可愛的包裝當作伴手禮也很適合。

文明堂

松翁軒

在開始販售長崎蛋糕前，松翁軒就是製作和菓子的名家，將一般的長崎蛋糕結合日式紅豆泥，做出和風長崎蛋糕，特別的商品是茶凍，以及將柿子細細研磨後製成的柿子寒天凍，店家也位在景點附近，不妨順道進去看看吧！

和泉屋

除了本店和濱町店，其他分店都只開到下午 5 點半，要買請趁早。這裡的蛋糕就符合一般所說的蜂蜜蛋糕，添加了白砂糖、麥芽糖、蜂蜜、雙目糖等，比起福砂屋的蛋糕多了蜂蜜香味。

各家的蛋糕大集合（廖睿妤 攝）

特別商品是包裹一層巧克力的蜂蜜蛋糕，有黑、白巧克力兩種選擇；還有使用大納言紅豆、福岡八女抹茶製成的雙層蜂蜜蛋糕——綺麗菓，在視覺上也可獲得大大的滿足。

清風堂

相較於海外也聞名的福砂屋，清風堂在日本只有哥拉巴園店和福岡的太宰府店，蛋糕的包裝特別有復古感。推薦購買歐風包裝和藝伎包裝的蛋糕，因為尺寸設計得比較小，所以價格也比較便宜，但外觀高雅，可以大量購入送禮又不傷荷包，而且試吃也提供得十分大方喔！

Data

福砂屋
◎ 地址：長崎市船大工町 3-1
◎ 交通：路面電車「西濱町」站，步行約 5 分鐘。
◎ 電話：095-821-2938
◎ 營業時間：08:00 ～ 20:30，偶有活動時會延長營業時間。
◎ 網址：www.castella.co.jp

文明堂
◎ 地址：長崎市江戶町 1-1
◎ 交通：路面電車「大波止」站下車即是。
◎ 電話：095-824-0002
◎ 營業時間：08:00 ～ 20:30
◎ 網址：www.bunmeido.ne.jp

松翁軒
◎ 地址：長崎市魚の町 3-19
◎ 交通：路面電車「公會堂前」站，步行約 1 分鐘。
◎ 電話：095-822-0410
◎ 營業時間：09:00 ～ 20:00
◎ 公休：全年無休
◎ 網址：www.shooken.com

和泉屋
◎ 地址：長崎市万屋町 4-16
◎ 交通：路面電車「觀光通」站，步行約 2 分鐘。
◎ 電話：095-820-0080
◎ 營業時間：09:30 ～ 19:30
◎ 公休：全年無休
◎ 網址：n-izumiya.com

清風堂
◎ 地址：長崎市南山手町 2-6
◎ 交通：路面電車「大浦天主堂下」站，步行約 3 分鐘。
◎ 電話：095-825-8541
◎ 營業時間：09:00 ～ 18:00
◎ 公休：全年無休
◎ 網址：www.seifudo.jp

長崎什錦麵（ちゃんぽん）

　　長崎什錦麵最初發源於長崎的中華料理餐廳四海樓，中國人陳平順為了讓貧窮的留學生們能好好地吃上一頓健康的餐點，將豬肉、魚板、蔥、大量蔬菜等炒過後，加上濃厚的湯頭與麵，成為這道長崎什錦麵。除了湯麵吃法，還有乾麵吃法，將湯汁減少、外送時就不用擔心翻倒，但風味和內容物一模一樣。

　　一客的價格雖然都要 1,000 円左右，可是分量非常大，可以點一碗什錦麵搭配其他小菜一起享用。四海樓位在大浦天主教堂附近，但也可以去較多店家的中華街比較一下價格和味道。

Data

　　四海樓
◎ 地址：長崎市松が枝町 4-5
◎ 交通：路面電車「大浦天主堂下」站，步行約 1 分鐘。
◎ 電話：095-822-1296
◎ 營業時間：11:00 ～ 15:00、17:00 ～ 21:00。
◎ 網址：www.shikairou.com

江山樓的菜單一角

長崎什錦麵

皿烏龍

什錦料底下是香脆的麵體

大分

大分的交通

由布院之森

特急 YUFU 列車

由布院車站

龜之井巴士，由布院站前

　　位在九州東北部的大分，縣內大半是山地，溫泉的湧泉量高居日本第一，有溫泉就代表有地熱，地熱發電的比率也高居全日本第一。著名的景觀都在靠近別府灣的大分市、別府市與由布市，三個市內都有多處溫泉，是日本女性的觀光勝地，經常可以在車站看到宣傳海報強調當日來回大分，輕鬆泡個溫泉、享用美食後再回家。

由布院之森

　　前往由布院要搭乘由布院之森，可利用 JR 北九州 PASS、JR 全九州 PASS、JR 全國版 PASS 來劃位，全車皆為指定席，因此搭乘前一定要記得劃位。

　　火車內有提供免費 Wi-Fi，而且天天都有班次行駛，博多到由布院一天 2 班次往返，車程 130 分鐘；博多到別府一天 1 班次往返，車程 190 分鐘。

　　車上有販售美味的火車便當與紀念商品，也有拿著由布院之森紀念牌子的服務人員，可以合影留念。

‧網址：www.jrkyushu.co.jp/trains/yufuinnomori

別府市公車

My 別府 Free（My べっぷ Free）──路線巴士 1 ~ 2 日間無限次乘車券

別府車站

- 迷你套餐：別府市內、城島高原區域。1 日乘車券，成人 900 円、學生 700 円、兒童 450 円；2 日乘車券，成人 1,500 円、兒童 750 円。
- 超值套餐：別府市內全線、城島高原、湯布院、九州自然動物園。1 日乘車券，成人 1,600 円、兒童 800 円；2 日乘車券，成人 2,400 円、兒童 1,200 円。

乘車券售票窗口

- （別府車站內）別府站綜合觀光問詢處，電話：097-724-2838。
- （別府市北濱）龜之井巴士北濱巴士中心，電話：097-723-5170。
- （別府市鐵輪）龜之井巴士鐵輪候車處，電話：097-766-0028。
- （由布院站前）龜之井巴士由布院站前巴士中心，電話：097-784-3145。
- 網址：www.kamenoibus.com/data/kamenoibus_mybeppufree.pdf

別府車站外的地標 Shiny Uncle

【別府 ~ 湯布院】連接日本有名的觀光勝地別府和由布的觀光快速巴士「YUFURIN」

- 1 日間無限搭乘的乘車券：成人 1,600 円、兒童 800 円。
- 2 日間無限搭乘的乘車券：成人 2,400 円、兒童 1,200 円。
- 網址：www.kamenoibus.com/guruspa/hp/yufurin

別府車站外的手湯

龜之井巴士，鐵輪站

別府車站附近的吉 46 便當，便宜又大碗

乘車時間

· 別府車站～湯布院車站，車程約 67 分鐘，平日最早 07:15 發車，最晚一班是 16:00 出發；假日最早 08:00 發車，最晚一班是 16:25 出發。

· 湯布院車站～別府車站，車程約 59 分鐘，平日最早 09:15 發車，最晚一班是 17:45 出發；假日最早 09:30 發車，最晚一班是 17:45 出發。

· 無論平日或假日都只有 7 班車，建議規劃好行程時間。

· 網址：www.kamenoibus.com/guruspa/hp/yufurin

大分定期觀光巴士：別府地獄巡遊路線

所需時間約 160 分鐘左右，費用是成人 3,740 円、高中生 3,060 円、中學生 2,750 円、兒童 1,740 円。此路線會從別府車站或別府北濱巴士中心發車，一天各有 3 班次，可利用此票券好好享受別府特別的 8 種不同類型地域。此定期觀光巴士不需事先預約，但並非每天都有運行，假日基本上都會發車，平日則必須先確認好。若乘客較多時，如日本黃金假期等，可能會增派加班車。

· 諮詢處：龜之井巴士北濱巴士中心

· 電話：097-723-5170

· 網址：www.kamenoibus.com/teikikanko_01.php

乘車地點＆時間

· 別府站東口發車（08:35）—北濱巴士中心（08:40）

· 別府站東口發車（11:40）—北濱巴士中心（11:45）

· 別府站東口發車（14:40）—北濱巴士中心（14:45）

· 網址：www.kamenoibus.com/teikikanko_01.php

別府市：地獄八湯

　　雖說是溫泉巡迴之旅，實際上八處都是高達百度的沸騰溫泉水，只能遠觀不可褻玩，唯獨鬼石坊主地獄可以泡到全身的溫泉，其餘主要是欣賞大自然的鬼斧神工與享受足湯。

　　號稱地獄的八座溫泉湯，只要出示從官網上印下來的優惠券，就可享9折優惠。八個湯的組合票券是2,100円，單個湯的入場費則是400円，只要去到5個湯以上就算回本了。但若時間沒有餘裕也可以只去其中一兩個就好，而不需要購買組合票券。

血之池
地獄

龍卷
地獄

灶地獄

鬼山
地獄

山地獄

海地獄

鬼石坊主
地獄

白池地獄

F.R.AE

海地獄

熱帶睡蓮

1-2 海地獄神祕的溫泉湯

海地獄裡頭有足湯可以泡

極樂饅頭

烤雞蛋布丁

被當作許願池

鬼石坊主地獄

海地獄

距今 1,200 年前鶴見火山噴發而形成的溫泉，帶有硫酸亞鐵所以呈現海藍色，乍看非常涼爽，實際上水溫卻高達 98℃，也要小心噴出的高溫蒸氣。只要入場就能免費泡足湯。

溫泉池入口附近池子裡種有大鬼蓮，8 月會舉辦「乘坐大鬼蓮」的活動，聽說曾經有 2 公尺寬的蓮葉，足以讓 20 公斤左右的小孩子站或坐在葉子上，只有夏天才能看到蓮花，其他時節則是到一旁的溫室看看比較小的蓮葉。

一旁販賣部有海地獄的名產，如利用溫泉水製成的浴鹽、大分特產的雞蛋煮出的溫泉蛋，以及特大的天然烤雞蛋布丁，還有包著紅豆餡的極樂饅頭，不知道吃了是否就會極樂呢？

鬼石坊主地獄

坊主在日文中的意思是和尚，命名的由來為這裡石灰色的泥漿在沸騰、冒泡時，看起來像和尚的光頭，因此稱之「和尚地獄」。

入場可以享受免費的足湯，湯泉不是泥漿，非常乾淨。而可以泡全身的鬼石之湯則是在外面，入場泡湯需另外付費，男女分開，大人 620 円、小學生 300 円、幼兒 200 円。

鬼山地獄

鱷魚骨頭標本

1-2 鱷魚及隔間柵欄

鱷魚餵食秀介紹看板

鬼山地獄

　　鬼山地獄溫泉的名稱是由地名而來，從 20 世紀開始利用溫泉熱飼養鱷魚，所以又稱「鱷魚地獄」，每週三、週六、週日早上 10 點會有鱷魚的餵食秀，在園區內最大的鱷魚是 1949 年出生到現在的老爺爺鱷魚，據說體重達 500 公斤。

　　池子裡的鱷魚經常在睡覺，一動也不動好像不是真的鱷魚，不過偶爾會突然跳起來，請留意別被水濺到。館內有已經過世的鱷魚所製成的標本，活到 71 歲才過世，也算鱷魚界中的高齡者。

　　鱷魚池裡有很多零錢，可見日本人也很愛把水池當許願池呢！

溫泉蛋、玉米等

白池地獄

　　這裡的泉水本身透明無色，浮出的蒸氣往上飄再向下沉後會變成青白色的霧氣，因此被稱為白池。這個白池地獄也使用溫泉熱飼養熱帶魚、亞馬遜河的食人魚等，是一個小型熱帶水族館。

　　在庭院裡還有「一遍上人」的雕像，傳說他在諸國傳授佛法、經過別府時在石頭上寫經文、用石頭將地獄埋起來，這些地獄才搖身一變成為可被利用的溫泉，因此一遍上人又被稱為大分溫泉鄉的始祖。

3-5 白池地獄

灶地獄（かまど地獄）

　　古時候在八幡宮的大祭上，會用這個地獄噴發的蒸氣做飯，就像很久以前用柴燒飯的灶一樣，冒著濃濃的白煙。大家可以實驗看看，若在現場點香菸，把煙吹向水蒸氣中，就會冒出更多白煙，但不用擔心會引起化學反應的爆炸之類，香菸的煙灰類似灰塵、塵埃，提供了水氣附著的源頭，原理跟雲的形成相同。

　　這裡還有很多青鬼與赤鬼的大雕像，1～6丁目中有泥漿泉池、乳白色泉池和藍色泉池，如果沒有太多時間逛完八個地獄，此處是特別推薦的一個。

1-3 灶地獄

山地獄

山地獄

　　這裡的溫泉總是冒著濃濃白煙，利用天然的溫泉熱養育紅鶴、小馬、河馬等，早上8點開始會有紅鶴、河馬、猴子的餵食秀，只要100円就可以體驗餵食猴子或河馬，雖說是溫泉卻更像是小型動物園。

血之池地獄

　　號稱全日本最古老的天然「地獄」，溫度僅 78℃左右，從地底湧出的泥漿中含氧化鎂、氧化鐵，與溫泉水混在一起而呈現紅色。

　　只要入場就可享用免費足湯，血之地獄的名產是用溫泉泥漿做成的「血之池軟膏」，礦泥和硫磺的殺菌力對皮膚病、青春痘、痔瘡等，都有很大的功效，但一條要價 1,400 円，不算便宜呢！

血之池地獄

龍卷地獄

　　以天然的間歇泉聞名，在地底深處的高溫使得泉水沸騰，產生壓力往地面上噴發，每隔 30～40 分鐘噴發一次，溫度高達 105℃，建議來感受一下噴發的盛況。

 Data

　　別府市：地獄八湯
◎ 地址：別府市鐵輪 559-1
◎ 交通：
　1. 從海地獄開始逛：JR「別府」站，搭乘龜井巴士（2、5、41、43 號往鐵輪方向）在「海地獄前」或「鐵輪巴士站」下車，步行約 1 分鐘；或是搭乘 16 號巴士，在「血之地獄前」下車。
　2. 從血之地獄、龍卷地獄開始逛：JR「別府」站，搭乘龜井巴士（26 號往鐵輪方向），在「血之地獄前」下車。
◎ 電話：097-766-1577
◎ 開放時間：08:00～17:00
◎ 公休：全年無休
◎ 票價：大人 400，高中生 300 円，中學生 250 円，小學生 200 円。
◎ 八湯共用券：大人 2100 円，高中生 1350 円，中學生 1,000 円，小學生 900 円。
◎ 網址：www.beppu-jigoku.com

1-2 鐵輪地獄地帶公園

由布市

　　由布院又叫做湯布院，兩個名字都可使用，是個以溫泉出名的城市，被票選為日本女性最愛的溫泉勝地，隨處可見天然的溫泉和步調緩慢的街道，常常在一日來回旅行的手冊中看到由布院的介紹，尤其以養顏美容的溫泉水著名。

金鱗湖

　　水深約 2 公尺的金鱗湖，從池底湧出溫泉與清水，因為兩種水的溫度差在湖面上產生霧氣，為湖帶來浪漫奇幻的景色，秋天 9 月到冬天 3 月之間的清晨是最佳觀賞時刻。

　　因為在由布岳山腳下而被稱為岳下湖，1884 年間一位學者看到湖面受夕陽照耀，閃閃發光猶如魚鱗一般，才取名為金鱗湖。來到這裡可以泡個溫泉、住宿一晚，在清晨時繞湖一圈，約 400 公尺，以各種角度欣賞湖光山色的美景；又或者是挑選夕陽時分，欣賞湖面的波光粼粼。

　　從古樸的 JR 由布院站出來後，還要步行約 2 公里的路程，因此很多遊客都是開車前往，只要朝著出來正前方看到的山岳——由布岳，路途的前半有許多小店、餐廳、禮品店可逛，建議多看、多比較，待回程時再購買。越接近金鱗湖就會看到一些民宿、停車場和住宅。

Data

金鱗湖
◎ 地址：由布市湯布院町川上 1561-1
◎ 交通：JR「由布院」站，步行約 25 分鐘。
◎ 網址：www.city.yufu.oita.jp/kankou/kankou/kinrinko

由布岳美麗山景

1-5 金鱗湖

6-7 金鱗湖另一頭的天祖神社

湯之坪街道

由布院觀光馬車
（Tsujibasha）

人力車

夢藏，日本傘

在前往金鱗湖的路途中會經過湯之坪街道，其實從 JR 由布院站出來就有許多特色商店，在這個街道更是集中。許多店家都只有矮矮的 2、3 層樓，原木色的咖啡館、灰色磚瓦搭配白色牆面的日式建築等，交織出獨具特色的街景。

一邊走、一邊逛各種手作雜貨，還可以看到專賣宮崎駿動畫周邊的雜貨店、當地出了名美味的可樂餅店家、連布丁都可以推出醬油口味的醬油專賣店等，一不小心就會耗掉一整天。建議看到喜歡的商品要趕緊入手，走出湯之坪，可能就遇不到賣相同商品的店家了。

> **Data**
>
> 湯之坪街道
> ◎ 地址：由布市湯布院町川上湯の坪
> ◎ 交通：JR「由布院」站，步行約 10 分鐘。
> ◎ 網址：www.city.yufu.oita.jp/kankou/kankou/kinrinko

街上商店

由布院好吃的可樂餅

路上手湯

1-2 由布院 Floral Village

秀峰館（溫泉飯店）

　　在這邊介紹一家溫泉飯店供大家參考，從 JR 由布院站步行就可以抵達，特色之一是能夠眺望由布岳的室內大浴場和露天溫泉，泡完湯出來有一個按摩室，提供免費使用的按摩椅放鬆一下，也有飲料販賣機。

　　特色之二是餐廳「花時季」，以大分特產的豐後牛為主力餐點，帶有細緻霜降花紋的牛肉，有牛排套餐、牛燒肉蓋飯套餐、燉牛肉蓋飯和牛肉咖哩等。早餐則是在「豐旬」享用。

　　離開飯店時可以先預約接駁車，還提供載到車站或附近景點的服務。房型分成可看到由布岳的一側，以及看到田園的一側，還分為睡布團的和室及睡床的洋室。若從官網上訂房，可以進一步選擇優惠的組合。雖然住宿一晚每人 15,000円以上，還是常常一房難求，需要住宿請提早訂房。

 Data

> 秀峰館
> ◎ 地址：由布市湯布院町大字川上 2415-2
> ◎ 交通：JR「由布院」站，步行約 12 分鐘。
> ◎ 電話：097-784-5111
> ◎ 營業時間：08:00 ～ 17:00
> ◎ 價格：依房型、時節而價位不同。
> ◎ 網址：www.shuhokan.jp

1-2 秀峰館及其飯店大廳

房間

館內豐旬餐廳的餐點

飯店早餐豐盛好吃

飯店接駁車

3-7 露天泡湯可眺望由布岳美景，泡完喝點東西，十分爽快

美食介紹

B-speak 蛋糕店

　　大分一定要買的土產居然是瑞士捲，在抵達湯之坪街道前會看到一個店家，有著綠底白字、大大寫了一個 B 的遮雨棚，就是在日本人之間也非常有名的伴手禮店，販售的蛋糕尺寸有兩種，15 公分長的一條 1,420 円、切成 5 公分的一條 475 円，分為原味和巧克力口味。小條的蛋糕很快就會賣光，可以早點買起來以免向隅。

　　賞味期限僅販售當天，也就是說買到的蛋糕絕對為當天出爐，將外層包裝紙撥開，軟綿綿的蛋糕捲實在是太吸引人了。蛋糕軟綿，帶有淡淡雞蛋香，神奇的是裡頭的奶油完全不讓人感到甜膩，簡單的蛋糕捲竟能如此美味，難怪一下子就賣光了。

 Data

　B-speak 蛋糕店
◎ 地址：由布市湯布院町川上 3040-2
◎ 交通：JR「由布院」站，步行約 500 公尺左右。
◎ 電話：097-728-2166
◎ 預約專線：0977-28-2066（15:00 ～ 17:00，只接受電話預約，必須於 5 天前致電）
◎ 營業時間：10:00 ～ 17:00
◎ 公休：一年中 2 次不定期
◎ 網址：www.b-speak.net

B-speak 蛋糕店

MURATA HOME MADE

也有賣其他點心

瑞士捲非常受歡迎

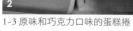

1-3 原味和巧克力口味的蛋糕捲

熊本

熊本的交通

熊本車站

車站旁的 FRIESTA 商店

わくわく１日乘車券

記得把乘車日期刮好

熊本位在九州中央，最北邊是小國町、最南邊是人吉市，都心的熊本市則隔著有明海相接福岡、佐賀與長崎。除了熊本市所在的熊本平原，大部分是山區，如著名的活火山阿蘇火山等。在有明海上也有大大小小、超過 20 座小島劃分於熊本縣的行政區域內，較大的島是天草島，還分為天草上島與天草下島。

熊本產量最高的農作物是番茄、西瓜和菸草，位居日本全國第一。在熊本都以溫室來栽種西瓜，以心形的西瓜最為引人注目。

市區電車＝路面電車

熊本的市區電車算是簡單易懂，不需要去計算過了幾站或拿數字券，不論搭乘距離多長，中學生以上 170 円，以下 90 円，一般從後門上車、前門下車，費用下車時再投入運賃箱即可，前、後門的區分方式要看駕駛坐在車廂的哪一端，熊本的電車兩頭都有駕駛座位，駕駛只要換到另一頭就可以往反方向開車。

路面電車分為 A、B 兩線，紅色 A 線會經過 JR 熊本站前，藍色 B 線則是從 JR 上熊本站前出發，兩線在辛島町交會後於同一條線上行駛，要在辛島町站從 A 或 B 線換乘到另一線時，須跟駕駛拿取「乘換乘車券」，並在 20 分鐘內換車，在換乘後的電車下車時，將此票交給駕駛即可。

　　比較容易讓人混淆的是電車行駛的
方向，在電車站標示的都只有下一站名
稱，電車車身上的跑馬燈才有寫終點站
名稱，最好帶著路線圖搭車，或者至少
記得要去的景點是在哪個方向。

　　市區電車在 2016 年 4 月 1 日起發
行了新的 1 日乘車券（不可搭乘巴士）
大人 500 円、小孩 250 円，取消了原有
的 2 日乘車券。

熊本的路面電車

　　在 JR 熊本站一旁的觀光案內所就
可以購買 1 日乘車券，票券的使用日期
是今年的 4 月 1 日到明年的 3 月 31 日一
整年間，所以購票的當下服務員就會詢
問是否當天使用，然後幫你刮除使用日
期上面的銀漆。如果刮除額外的銀漆就
無法判讀使用日期，可能就無法搭車，
還請小心保管。每次搭乘只要在下車
時，向駕駛出示乘車券的日期處即可。

排隊搭車

熊本路面電車路線圖

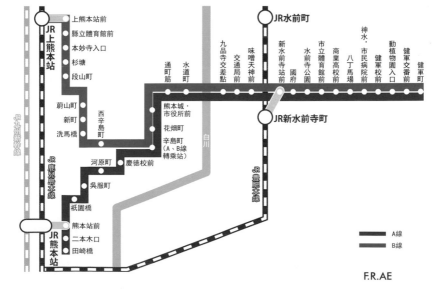

F.R.AE

熊本市

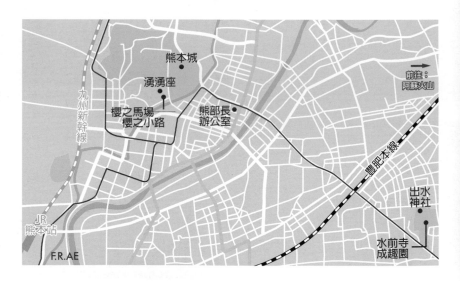

熊本城

湧湧座

櫻之馬場
櫻之小路

熊部長
辦公室

九州新幹線

豐肥本線

前往：
阿蘇火山

出水
神社

水前寺
成趣園

JR
熊本站

F.R.AE

熊本城

　　與愛知縣的名古屋城、兵庫縣的姬路城、大阪的大阪城，並稱為日本三大城，又有人說熊本城是日本第一，不過這些聽聽就好，號稱日本第幾的產物實在太多了。江戶時期加藤清正將原本的城垛增築、擴建，並改名為熊本城，才正式開始熊本城的歷史，在之後的明治時代歷經戰火、地震等摧殘，終於在 2007 年迎來了建城 400 週年紀念日。

　　對於日本名城只有看古蹟的想法，在轉換心境、想像自己是攻城的士兵後，突然可以理解熊本城為何能夠列入三大名城之一。進入城門前往天守閣是一段遙遙長路，途中都是超過 1 層樓以上、無法攀爬的高牆，城主可以由高而下抵禦進攻的敵軍，通過一段人造隧道後，來到看得見天守閣的廣場，此處毫無遮蔽物可以讓敵軍躲藏，最後映入眼簾的才是相機鏡頭難以捕捉、高聳的天守閣。

　　通過隧道後，倘若幸運會看到一些「忍者」，只要把鏡頭對準忍者，就會開始擺姿勢，或是拉你一起來拍照喔！

入場券販賣處

需要先走過長長的隧道

熊本城前方的廣場

廣場上偶爾會有表演

武士會非常配合地讓遊客拍照

廣場上的表演

1-2 熊本城

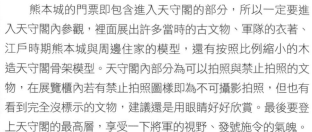

正式進入熊本城

入口處的介紹

捐款贊助熊本城修建的名冊

修建熊本城的介紹

熊本城的模型

熊本城的門票即包含進入天守閣的部分，所以一定要進入天守閣內參觀，裡面展出許多當時的古文物、軍隊的衣著、江戶時期熊本城與周邊住家的模型，還有按照比例縮小的木造天守閣骨架模型。天守閣內部分為可以拍照與禁止拍照的文物，在展覽櫃內若有禁止拍照圖樣即為不可攝影拍照，但也有看到完全沒標示的文物，建議還是用眼睛好好欣賞。最後要登上天守閣的最高層，享受一下將軍的視野、發號施令的氣魄。

出城前經過熊本城內部的販賣部，即便不購買任何東西也可以入內稍作休息，角落裡有熊本城的印章臺，不妨找一找蓋章留念。

在 2016 年 4 月的地震後，熊本城的巨大石垣受損、有崩壞的危險，因此大部分都畫為禁止進入區，只有二之丸廣場得以進入，可在廣場遠眺熊本城。

Data

熊本城
◎ 地址：熊本市中央区本丸 1-1
◎ 交通：市區電車「熊本城‧市役所前」站，步行約 3 分鐘。
◎ 電話：096-352-5900
◎ 開放時間：3 月到 11 月 08:30 ～ 17:30，12 月到隔年 2 月 08:30 ～ 16:30。
◎ 公休：12 月 29 ～ 31 日。
◎ 票價：高中生以上 500 円，中、小學生 200 円，30 人以上團體 8 折優惠。
◎ 網址：www.manyou-kumamoto.jp/castle

進入城內部分文物可拍照

窄窄的階梯通往天守閣

1–4 還原當時金碧輝煌的室內環境

由天守閣往外看的景象

再一張熊本城

周邊的護城河

熊本城旁還有花園

城彩苑指標

入口

櫻之小路

KUMAMON 的模擬相機 APP 介紹

櫻之小路的街道

1

2

櫻之馬場──櫻之小路

逛完熊本城後,是否還有些意猶未盡呢?

從城門出來、沿著下坡一直走,右手邊就會看到櫻之馬場──城彩苑,城彩苑分成兩個部分,一個是提供歷史文化體驗的湧湧座,另一個是仿江戶時代打造的街景結合土產店及餐廳的櫻之小路,可以先到櫻之小路飽餐一頓,再去湧湧座,接著回櫻之小路選購紀念品,行程也就差不多了。

一進入櫻之小路的門口就會看到 KUMAMON 的模型,以及模擬相機 APP 的宣傳立牌,只要用手機掃描立牌下方的 QR 碼、下載安裝「くまフォト」,再瞄準 AR 碼,畫面中就會出現立體的 KUMAMON 讓大家一起合照,只有提供 AR 碼的地方才能和 KUMAMON 拍照,簡直就是限定中的限定。

櫻之小路整體都是仿照古代日式建築打造而成,灰色瓦片加上白色牆面,街道其實也是小小窄窄,左右兩邊都有密集並排的商家,包括 5 間餐廳、2 間小吃、18 間伴手禮店,共 23 個店家滿足各種觀光所需,真是太方便了!

偶爾搭配活動會有武士角色扮演出來跳舞表演,可以一邊享用美食、一邊觀賞。

以下介紹各個餐廳的特色,大家可以依照自己的需求選擇。

肥後めしや　夢あかり

　　據說是由中國福建省的華僑引進日本的中華料理「太平燕」，現在以熊本的鄉土料理之名為人知曉。在冬粉湯裡加上炸雞蛋、豬肉、蝦子、魷魚、蔬菜等，調味較清淡、健康又低卡。

　　白天的料理是拉麵、擔擔麵、燉牛肉飯、馬肉麵等，到了晚上，店名就會改成月あかり，主打中華、日式、西式單點菜餚，適合多人聚餐一起享用。

和食「櫻道」

　　位在土產店旬彩館深處的櫻道，主打較高價位的傳統日式料理，據說是由藩主的主廚傳授的食譜為基礎發展而成。白天的料理有炸豬排套餐、松華堂便當、生馬肉套餐等，價位大多在 1,500 円以上，晚餐的菜單有各式單點料理和宴席套餐，比較適合荷包雄厚的人享用。

ビュッフェレストラン「ぎんなん」

　　位在旬彩館隔壁 1 樓的ぎんなん（發音 Ginnan），是熊本料理自助式吃到飽餐廳，主食有太平燕、和風義大利麵、牛肉咖哩飯等，搭配各種小菜、烤肉、炸蔬菜等，甜點隨期間會更換、大致提供 1～2 種，共推出約 40 種料理。晚餐時段有推出熊本豬肉的涮涮鍋及加點飲料喝到飽，若想要一次品嘗多種料理可以來這邊。

茶房「櫻ン坂」

　　在ぎんなん的 2 樓是可以愜意享用咖啡的空間，館內有鶴田一郎的美人圖。輕食選擇較少，只有燉牛肉飯；飲料有各種咖啡、紅茶和果汁，飲品的價位都在 500 円上下；點心有蛋糕、鬆餅等，價位在 600 円以上。

阿蘇庭　山見茶屋

　　位在夢あかり後方，主打來自熊本阿蘇大自然的食材做成料理，搭配特產生馬肉的各式定食，價格都在 1,300 円以上，定食的白飯可以續碗，換成高菜飯只要再加 200 円即可。特別的料理是高森田樂串燒，有鱒魚、芋頭和豆腐串燒可供選擇。

1-5 店家的招牌

天草海食まるけん

以為只是單純販賣海膽可樂餅，沒想到內部居然有餐廳，不過日式定食的價位也都在 1,500 円以上，建議買個可樂餅嘗嘗鮮。

白玉屋新三郎

主打外帶白玉糰子，菜單選項有刨冰、格子鬆餅、抹茶或紅豆湯等，每樣都有搭配糰子。還有包裝完整的禮盒供選擇，適合作為伴手禮。

1-2 商品販售

來到櫻之小路一定要逛逛土產店，許多店家都大方提供試吃，也有真空包裝可以帶上飛機。其中推薦要逛的是旬彩館，備有熊本縣內各地的名產，以及多家的日式燒酒，還有 KUMAMON 周邊商品。

> **Data**
>
> 櫻之馬場──櫻之小路
> ◎ 地址：熊本市中央区二の丸
> ◎ 交通：市區電車「熊本城‧市役所前」站，步行約 5 分鐘。
> ◎ 店鋪營業時間：3 月到 11 月 09:00 ～ 19:00，12 月到隔年 2 月 09:00 ～ 18:00。
> ◎ 餐廳營業時間：11:00 ～ 22:00
> ◎ 公休：12 月 30、31 日。各店營業時間不同，詳情請見官網。
> ◎ 網址：1592.jp

可愛的擺設

廣場上會舉行表演吸引目光

湧湧座

　　充滿歷史文化體驗的設施，可以了解熊本從加藤清正建城開始到細川家統治、明治維新的西南戰爭為止的歷史，1樓的展示區有互動式投影裝置，踩著地上的景點影像就會跟著跑，還有立體模型等。1、2樓都有提供各種人物的服裝讓遊客試穿、拍照留念，還有江戶時代的參勤交代列隊，可以坐在小轎子裡，體驗當時的大名（日本舊時稱大地域的領主）如何跋山涉水，前往江戶執行政務。

自動售票機有賣入場券

熊本城以前的合戰

熊本形象人物之一，
ひごまる

進入湧湧座歷史隧道

介紹熊本城的影片欣賞

站在武士魁甲身後
互動拍照

互動區，堆上石頭，完成石垣吧！

參勤交代列隊模樣

Data

湧湧座
◎ 地址：熊本市中央区二の丸 1-1-1
◎ 交通：市區電車「熊本城‧市役所前」站，步行約 7 分鐘。
◎ 電話：096-288-5600
◎ 開放時間：3 月到 11 月 08:30 ～ 18:30，12 月到隔年 2 月
　 08:30 ～ 17:30。熊本城如有夜間開園，營業時間則延長到
　 19:30 為止（湧湧座進場時間到 19:00 為止）。
◎ 公休：12 月 30 ～ 31 日。
◎ 票價：成人 300 円，兒童（中學生以下）100 円。「熊本城‧
　 湧湧座通用入場券」成人 600 円，兒童（中學生以下）200 円。
◎ 網址：www.sakuranobaba-johsaien.jp

變裝區，有服裝、道具可以換裝拍照

生動有趣的歷史舞臺劇

坐上戰馬拍照

互動式的投影裝置

KUMAMON 辦公室

2011 年 3 月，因為九州新幹線的全面啟用而誕生的 KUMAMON，在全日本甚至是海外都十分活躍，從單純地推廣熊本縣的觀光、農產品，到出了自己的單曲、漫畫，還有堆成山數不清的周邊商品，年產值超過好幾十億，儼然是新興的超級偶像。

在市區電車水道町站下車後，過個馬路就到了鶴屋，1 樓正中間是交流舞臺，官網上有行事曆公布 KUMAMON 在辦公室的時間，時間到了會出現在舞臺上表演，和大家互動、拍照，走到最底端就是 KUMAMON 的部長辦公室，可以看到 KUMAMON「認真」的辦公，還有 KUMAMON 的周邊商品販售店。

KUMAMON 最讓人著迷之處除了可愛的外型，還有渾然天成的幽默感，無論是什麼表演都親力親為，甚至還曾參加高空彈跳、搏命演出，雖然體型龐大可是卻十分靈活，在大人小孩當中都充滿人氣。

Data

KUMAMON 辦公室
◎ 地址：熊本市中央区手取本町 8-2　テトリアくまもとビル　1F
◎ 交通：市區電車「水道町」站，步行約 6 分鐘。
◎ 開放時間：10:00 ～ 19:00，偶有活動時會延長開放。
◎ 公休：年初年末時
◎ KUMAMON 部長辦公室：www.kumamon-sq.jp
◎ KUMAMON 官方網站：kumamon-official.jp

正門前參道上就有高大的出水神社鳥居　　　　入口售票處

水前寺成趣園

　　成趣園的名稱來自陶淵明〈歸去來兮辭〉中「園日涉以成趣」，描述人們步行於其中趣味無窮之意。成趣園的設計採回遊式庭園，強調不僅從建築物往外欣賞，而是在庭園內一邊散步、一邊觀覽，以各個角度都能欣賞到不同美景為目的，於1636年由當時的藩主細川氏、耗費80年左右建造而成。

　　園內的池塘清澈見底，池中有不少錦鯉，只要有人出現就會聚集起來準備搶食。或許也因為這座池塘的關係，即使在夏天園內也是特別涼爽，偶爾會因為水溫和氣溫的差異起一層水蒸霧氣，濃到看不見 1 公尺以外的東西，不過轉眼間又會消散無蹤，別有一番情趣。

　　門口豎立著一座「明治天皇臨幸碑」，出水神社鳥居旁也有昭和天皇親手播種松樹的指示牌，看來這成趣園也吸引了不少大咖蒞臨呢！

 Data

　　水前寺成趣園
　◎ 地址：熊本市中央区水前寺公園 8-1
　◎ 交通：市區電車「水前寺公園」站，步行約 3 分鐘。
　◎ 電話：096-383-0074
　◎ 開放時間：3 月到 10 月 07:30 ～ 18:00，11 月到隔年 2 月
　　08:30 ～ 17:00。
　◎ 票價：高中生以上 500 円，中、小學生 200 円，30 人以
　　上團體 9 折優惠。
　◎ 網址：www.suizenji.or.jp
　◎ 備註：偶有活動時會延長開放時間，票價也會隨著活動而
　　不同，官網不一定有標示，成趣園門口會有公告。

明治天皇到此一遊

1~2 水前寺成趣園的票券

3-6 成趣園風景

昭和天皇親手栽種的松樹

出水神社

　　成趣園建成近 200 年後，明治年間才建造的出水神社，祭祀著熊本藩細川氏十幾代的藩主。鳥居的左手邊會看到號稱「長壽之水」的神水，也是神社之名的由來，不介意生水的人可以試喝看看。

　　對於日本能樂有興趣者可以在 8 月初造訪出水神社，每年都會在能樂殿舉辦薪能。薪能是在戶外搭設的舞臺周圍燒柴點火，進行能樂的神聖儀式，時間在每年 8 月第一個週六的 18:00 ～ 20:30。

　　官網上有該次的表演曲目，不過觀眾只能坐在草坪的塑膠布上觀賞，最好穿長褲、長袖，而且需要準備防蟲噴霧等，還要早點去占位子，晚一步就只能看到小拇指般大的表演者了。

> **Data**
>
> 出水神社
> ◎ 地址：水前寺成趣園內

參拜前的淨手處

長壽之水

神社內的紀念碑

參拜處

出水神社內的稻荷神社

火之國舞蹈祭典

　　「肥國」為古代九州的地名之一，泛指現在的熊本、佐賀、長崎等地，其發音「ひのくに」與「火之國」的日文發音相同，加上熊本內有阿蘇活火山，火之國就成為熊本的別名。

　　火之國的祭典中，大多是由事前報名的各個團體參加表演比賽，每個團體約 30 ～ 50 人之間。熊本市的觀光課甚至還免費提供表演曲目的熊本民謠おてもやん CD，以便大家練習。比賽的結果由主辦單位選出金、銀、銅獎，分別可獲得 10 萬、5 萬、2 萬円的獎金，不過那麼多人分這筆獎金，也算是志在參加吧！

Data

火之國舞蹈祭典
◎ 地點：熊本市內市中心一帶、熊本市役所周邊
◎ 交通：市區電車「辛島町」站，步行約 10 分鐘。
◎ 舉辦時間：每年 8 月第一個週六、週日 12:00 ～ 21:30。
◎ 網址：www.hinokunimatsuri.jp

揮著大旗氣勢十足

和服店也推出舞蹈表演廣告

火之國祭典的主舞臺

表演之一的舞蹈節目

路邊攤的炸薯片

路邊攤的肉串

大氣球

阿蘇市

阿蘇火山

阿蘇車站

從阿蘇車站可眺望阿蘇山

　　位在九州中央的阿蘇火山，是集合了目前仍頻繁活動的活火山中岳，以及高岳、烏帽子岳等大大小小山岳的總稱，擁有世界最大的破火山口，是九州著名的景點之一，然而交通不便，周邊充滿著微量毒素的火山氣體（二氧化硫等），所以居住的人口相對稀少，但來遊玩的國內外旅客卻相當多。

　　前往阿蘇首要是交通時間的安排，以下先介紹阿蘇火山上山的幾種方式，然後再按照行程選擇適合的組合。

出發點				中繼點			終點
JR 熊本站	豐肥本線 （往宮地）	JR 阿蘇站	產交 巴士	阿蘇山 西站	阿蘇 Rope way		阿蘇火山口
	九州橫斷特急						
	九州橫斷巴士						
JR 大分站	豐肥本縣 （往宮地）	JR 阿蘇站	產交 巴士				
	九州橫斷特急						
別府站前	九州橫斷巴士						

＊假日才有阿蘇男孩特急列車，搭乘方式與九州橫斷特急相同。

JR 九州橫斷特急‧豐肥本線（往宮地）

　　起站是別府，終點站是人吉的九州橫斷特急，中間會經過大分、阿蘇、熊本，每天來回都只有各四班車，以熊本、大分來回舉例，車程約 75 分鐘，車票 5,130 円（乘車券 1,620 円＋特急券 1,890 円），遊客可以自行評估時間與票價做選擇，但在 2016 年 4 月中旬的熊本地震後，此線的運行與否還在觀望中。

站名	別府	大分	三重町	緒方	豐後竹田	宮地	阿蘇	立野	熊本	新八代	人吉
別府↓人吉	07:50	08:02 08:10					09:57		11:08 11:23		12:50
	11:44	11:55 11:56					13:44		14:49 14:54		16:23
	14:46	14:57 15:03					16:47		17:54 17:57		19:25
	18:30	18:42 18:43					20:28		21:34		無
人吉↓別府	11:38	11:27 11:28					09:44		08:25 08:35		06:54
	14:40	14:29 14:30					12:48		11:35 11:39		10:09
	18:14	18:00 18:04					16:13		15:00 15:04		13:33
	21:31	21:18 21:21					19:33		18:15 18:24		16:48
		21:21							18:24		

1–2 九州橫斷特急

產交巴士乘車處

產交巴士：阿蘇火口線

　　最早從阿蘇車站前發車的時間是 09:10，最晚從阿蘇西站回來的時間是 17:00，每小時約一班車，產交巴士一日來回各 9 班。走出阿蘇車站大門右轉，就是產交巴士站牌和售票處。

　　建議上車挑個靠窗的位置、打起精神別睡覺，總車程約 35 分鐘，隨時準備好相機，透過窗戶有機會看到野生牛、馬，煙霧較淡時也可以看到遠處的山丘。

站名	行經時刻									票價	
	去程										
阿蘇車站前	09:10	09:49	10:15	11:45	12:10	13:10	13:40	14:20	15:20	起點	
草千里阿蘇火山博物館前	09:39	10:18	10:44	11:44	12:39	13:39	14:09	14:49	15:49	570円	起點
阿蘇山西站	09:45	10:24	10:50	11:50	12:45	13:45	14:15	14:55	15:55	650円	170円
	回程										
阿蘇山西站	10:20	11:15	12:00	12:50	13:15	14:00	15:20	16:00	17:00	起點	
草千里阿蘇火山博物館前	10:25	11:20	12:05	12:55	13:20	14:05	15:25	16:05	17:05	170円	起點
阿蘇車站前	10:50	11:45	12:30	13:20	13:45	14:30	15:50	16:30	17:33	650円	570円
	21:21							18:24			

· 詳細票價：阿蘇車站前←→草千里阿蘇火山博物館前，大人 570 円；草千里阿蘇火山博物館前←→阿蘇山西站，大人 170 円；阿蘇車站前←→阿蘇山西站，大人 650 円。

在產交巴士上眺望宛如仙境的美景、牛群

Data

阿蘇火山
◎ 地址：阿蘇市
◎ 注意：身體不適、氣喘、有支氣管疾病等患者禁止上山，請衡量身體狀況再決定是否前往。

草千里

　　草千里顧名思義就是一大片綠茵草原，歸功於營養豐富的火山灰，使周圍的土壤十分肥沃。往阿蘇火山的路上，巴士會在草千里稍作停留約 10 分鐘，這裡還可以體驗騎馬（需額外付費），或是參觀阿蘇山火山博物館，此外也有一些店家。

　　其實抵達草千里後離阿蘇山西站就不遠了，對體力有自信的遊客可以下車逛逛，接著徒步上山，沿路都有步道，只要抬頭就能看到火山冒著陣陣白煙，大約要走 30 ～ 40 分鐘，不過鮮少遊客選擇用走的，所以人煙稀少，當然也可以搭原車前往。建議挑春、夏這兩個綠意盎然的季節，否則就只能看到枯黃的草原了。

前往草千里的步道

從草千里眺望中岳火口

草千里

阿蘇火山博物館

在產交巴士的草千里站下車後，附近就是阿蘇博物館，博物館的 1 樓是輕食餐廳、土產店；2 樓是火山口展示區、火山岩展示區、特別活動區；3 樓是影音大廳，播放約 17 分鐘的介紹短片。

館方在中岳火山口旁架設了兩部錄影機和錄音機，直播火山口的狀況及聲音，若因天候不佳或火山口封閉時，也可以透過這裡的鏡頭體驗站在火山口旁的臨場感。3 樓的影音大廳中播放「Four Seasons in 阿蘇」的短片，影片內容大致是介紹阿蘇火山四季的樣貌、文化、習俗等，例如在 3 月會有阿蘇火節、大火文字燒。

從阿蘇博物館的透明玻璃往外看，可以看到綠地一片的草千里，還能看到一汪湖泊，搭配迷濛的霧氣，構成如詩如畫的美景，宛如仙境一般。

可以在這裡用螢幕看到火山現場轉播

火山學者裝扮

Data

阿蘇火山博物館
◎ 地址：阿蘇市赤水 1930-1
◎ 交通：產交巴士「草千里」站，對面即是。
◎ 開放時間：09:00 ～ 17:00，最後入館時間 16:30。
◎ 公休：全年無休。冬季會維修休館，請上官網確認。
◎ 票價：7 ～ 12 歲 430 円、13 ～ 65 歲 860 円、65 歲以上 690 円，6 歲以下兒童免費。
◎ 網址：www.asomuse.jp

阿蘇火山博物館外觀

阿蘇火山博物館

阿蘇山高空纜車

　　由於阿蘇火山口周邊充斥有毒氣體，曾因噴發導致觀光客受傷、死亡的情況，所以阿蘇火山防災協會依據火山口周遭狀況，判定是否讓人接近，狀況不佳時會暫停高空纜車的載運服務。

　　2014 年 3 月到 7 月間，阿蘇山高空纜車因維修施工停駛，但阿蘇火山口開放入場，因此可以改搭巴士，票價來回 1,200 円；後來在 9 月時則因火山爆發而停駛直到 11 月又恢復。截至 2016 年 1 月，阿蘇的高空纜車仍舊停駛中，開放之日目前還沒有消息，非常可惜。

　　這裡推薦的土產是「吾輩 KUMAMON」，使用阿蘇的火山灰製作的 KUMAMON 公仔，完美結合了阿蘇火山與熊本吉祥物，倘若不買，也建議來看看喔！纜車站有賣許多紀念品，可以在這裡或草千里附近的店買到阿蘇山麓牛乳霜淇淋，口味濃純，相當好吃。

Data

阿蘇山高空纜車
◎ 地址：阿蘇市黑川 808-5
◎ 交通：產交巴士「阿蘇山西站」，下車即是。
◎ 營業時間：全年無休，但因火山口狀況會臨時停駛。3 月 20 日到 10 月 31 日 08:30 ～ 18:00；阿蘇山西站最終發車時間 16:50，阿蘇火山口最終發車時間 17:50。11 月 1 ～ 30 日 08:30 ～ 17:00；阿蘇山西站最終發車時間 15:50，阿蘇火山口最終發車時間 16:50。12 月 1 日到隔年 3 月 19 日 09:00 ～ 17:00；阿蘇山西站最終發車時間 15:50，阿蘇火山口最終發車時間 16:50。發車間隔 15 分鐘。
◎ 票價：來回票中學生以上 1,200 円，小學生以下 600 円；單程中學生以上 750 円，小學生以下 370 円。
◎ 網址：www.kyusanko.co.jp/aso
◎ 備註：2016 年 4 月中旬的熊本地震後，高空纜車暫停運行，重開時間尚未確定。

阿蘇山纜車售票處、車站

阿蘇山纜車票券

阿蘇山中岳火口

阿蘇山中岳火口

到了阿蘇山西站後，需搭乘阿蘇纜車才可到中岳火口口，車程僅短短 4 分鐘，下纜車再步行一小段就可以到達火山口。

要注意的是，火山口並非每天都有開放。畢竟中岳為一座活力旺盛的火山，周圍空氣瀰漫著濃濃的硫磺味及火山灰，時常因為火山氣體濃度太高，而暫時關閉無法再更近觀賞火山口，況且隨時都有可能噴發，所以想接近火山口也要靠運氣。

1-2 阿蘇火山

出發前可以透過阿蘇山纜車的官網，確認是否有開放參觀，然而也有可能到場才發現禁止參觀，至於晚點會不會再開放，或是需要等多久才能上山這類疑問，工作人員也無法預測，畢竟這就是大自然的奧妙之處，隨時都有變化莫測的情況發生，所以要親眼看到中岳火山口只能說是跟大自然的賭局。

烏帽子岳

標高有 1,337 公尺的烏帽子岳是阿蘇五岳之一，位在阿蘇中央火口的西邊。

阿蘇神社

阿蘇神社

阿蘇神社於孝靈天皇 9 年時建造，被認為是肥後省的重要神社，也是日本全國約 450 間「阿蘇神社」的總社。外觀雄偉的十二腳唐門式樓門，亦是日本三大樓門之一。神社境內有一顆許願石「願かけの石」，以及一棵祈求姻緣美滿的松樹「高砂の松」。

在 2016 年 4 月地震時，阿蘇神社的主殿不堪強震而倒塌，樓門的柱子傾斜，壁面倒塌的情況，根據評估修復至少需花費 10 年的時間，真是令人遺憾。

Data

阿蘇山中岳火口
◎ 地址：阿蘇市黑川 808-5
◎ 開放時間：3 月 20 日到 10 月 31 日 08:30 ～ 18:00，11 月 1 ～ 30 日 08:30 ～ 17:00，12 月 1 日到隔年 3 月 19 日 09:00 ～ 17:00。
◎ 公休：因天候與火山狀況有臨時封閉情形，詳情請上官網查詢。
◎ 票價：來回票大人 1,200 円，小學生（含）以下 600 円。
◎ 網址：www.kyusanko.co.jp/aso

阿蘇神社
◎ 地址：阿蘇市一の宮町宮地 3083
◎ 交通：JR「宮地」站，步行約 20 分鐘；或是從 JR「阿蘇」站搭乘產交巴士。

SHUNSAIKA

美食介紹

生馬肉　笑食膳 えびす門

　　提到熊本的代表美食，日本的朋友們首推大名鼎鼎的「馬肉」，特別是指生馬肉。雖然迴轉壽司、生魚片料理已經吃過好幾回，但聽到要吃生馬肉時，還是嚇了一跳。不過到了熊本，如果沒吃過生馬肉，就跟沒來過一樣，因此還是要來嘗鮮一下。

　　原本豢養馬匹的目的是用來搬運貨物，或是作為坐騎，然而日本戰國時期，因為在戰爭中缺乏食物，不得已將死去馬匹的肉拿來食用，卻發現相當美味！

　　比起其他縣市，在熊本吃馬肉是習以為常的事。據說日本的馬肉消費量中，熊本縣就占了一半以上，全國居冠。在熊本，居酒屋、燒肉店、壽司店的菜單上，都能輕易找到馬肉的選項，但出了熊本要品嘗馬肉就非常困難，所以一定要好好把握這個機會。

　　最常見的是生吃馬肉，通常會搭配生薑、蔥末一起上桌，用生馬肉將蔥末包起來，沾一點醬油後一口吃下。馬肉沒有羊肉或牛肉特有的強烈氣味，口感較偏向牛肉。

　　來到熊本市的銀座通，商店和各式餐廳聚集，在此僅推薦這家「笑食膳 えびす門」，當然比這個等級更高的生馬肉餐廳也比比皆是。據說，除了生馬肉，也有馬肉咖哩、馬肉可樂餅、馬肉丼飯、馬肉壽喜燒等各式馬肉料理喔！

Data

笑食膳 えびす門
◎ 地址：熊本市中央区下通 1-7-19 地下 1F
◎ 交通：市區電車「花畑町」站，步行約 3 分鐘。

えびす門的招牌

1,000 円的生馬肉一盤

搭配茶碗蒸、一碟醃漬小菜的套餐

單點 550 円的茶碗蒸

1,280 円的赤牛排丼定食

1,280 円的海寶丼定食

阿蘇牛奶

阿蘇的牛奶製品，優酪乳

　　阿蘇火山富含營養的土壤，不只產出好吃的馬肉，同時還有香甜的牛奶。一般來說，在冬天產出的牛奶更好喝，原因是乳牛會適應低溫、儲存更多脂肪在身上，擠出牛奶的同時也會有更多蛋白質、脂肪，化作濃郁的口感。

　　在炎熱的九州沒想到也可以喝到當地產的好喝牛奶！熊本的澤西牛是由國外引進，體格小、個性溫和，產出的牛奶平均脂肪含量高達 5% 以上，比其他日本飼養的乳牛種高，但乳量較稀少，使得澤西牛在日本並不普及，占總乳牛數量不到 1%。正因為如此，澤西牛的牛奶物以稀為貴，小小一罐居然要 300 円呢！

辛子蓮根　森からし蓮根

這是熊本人元月時不可或缺的料理，在汆燙過的蓮藕內塞入拌好的辣粉、味噌、芥末，包裹一層麵皮後再下油鍋炸。切片的辣子蓮根與熊本藩主細川家的家徽「細川九曜紋」相似，為熊本的代表性料理之一。

另有一説，當時的熊本藩主細川忠利，因為體弱多病，禪寺的和尚推薦食用蓮藕，臣子平武郎為了討好藩主而進獻這道料理。現在發展成元月以外也看得到這道菜，除了一般家庭會製作，也有店家販售，還結合福岡特產明太子做成明太蓮根。

形狀完整、呈現圓形的辣子蓮根，以及比較破碎的辣子蓮根，僅外觀有差別，味道則相同，可以沾美乃滋或日式醬油食用。由於往年曾經發生製程不乾淨，導致食物中毒的事件，因此辣子蓮根的保存期限雖各家不同，但都非常短，也較少看到真空包裝，購買後必須儘快食用完畢，或是到有名的老店選購比較安全，例如在櫻之小路的「森からし蓮根」分店。

若無論如何都想帶辛子蓮根伴手禮回臺灣，則可以購買炸蓮藕片，味道與普通的辛子蓮根相同，但賞味期限更長，口感則類似洋芋片的酥脆，很適合作為下酒點心。

Data

森からし蓮根本店
◎ 地址：熊本市中央区新町
　2-12-32
◎ 交通：市區電車「新町」站，
　步行約 1 分鐘。
◎ 電話：096-351-0001
◎ 營業時間：08:00 ～ 17:00
◎ 公休：每月其中一個週日
◎ 網址：
　www.karashirenkon.co.jp/top.shtml

櫻之小路的辛子蓮根點心

宮崎

宮崎的交通

　　位在九州東南部的宮崎，其溫暖的氣候帶來農業興盛，較出名的作物是日向夏柑橘、太陽之子芒果，而日南海岸曾經是新婚旅行的勝地。

宮崎交通全線 1 日乘車券

　　此票券只在宮崎站觀光案內所、宮崎機場、宮崎車站巴士中心、國富巴士中心、延岡站巴士中心、宮交市巴士中心等處販售，無法在車上直接購買，讓人出乎意料的是，還可以在日本的各大超商購買，如 Lawson、Family Mart、7-11 等。票價大人 1,800 円、學生 1,500 円、小學以下幼童 1,000 円（包含小學）。

　　由於此票券不限定國外觀光客才可購買（90 天日本滯留），因此在日本長期滯留的留學生或工作者都能購買。這張票券優惠之處在於，一天內可無限次搭乘宮崎交通巴士的所有一般巴士路線，但不能搭乘跨縣的高速巴士、特急巴士、定期觀光巴士和通勤巴士。

・ 網址：www.miyakoh.co.jp/bus/rosen/ticket/1day.html

VISIT MIYAZAKI BUS PASS

這是一款可在宮崎市中心一日無限搭乘的交通票券，共有 8 個代表觀光區的巴士路線，因為是專為外國觀光客所設計的優惠票券，所以乘車券與簡介有英、韓、繁體及簡體中文版四種。僅限持有外國護照等的短期停留旅客（居住宮崎縣者除外）購買，購票時記得出示護照和機票，以便證明是短期停留的身分。

票價 1,000 円（含稅），使用有效期限為開票日起一個月內，且只能在車票上記載的使用日當天使用。可在宮崎機場巴士詢問處、宮崎車站內宮崎市觀光詢問處、宮崎車站巴士總站、宮崎 ANA 假日酒店度假村、宮崎觀光飯店、鳳凰西凱亞度假區娛樂咨詢中心等處，購買此票券。

「宮崎交通」運營的全部路線都可使用本票券，但要注意的是不能用於跨縣的高速巴士、特快巴士、宮崎－高千穗線、延岡－宮崎線、定期觀光巴士等。

・ 網址：www.miyakoh.co.jp/bus/visit_miyazaki_bus_pass/taiwan.html

宮崎車站

車站周邊

車站外藝術品

歡迎來到神話故鄉，宮崎

宮崎市

宮崎神宮

　　在日本只有祭祀天皇，或是自古以來與皇室相近的神明之處才會叫做神宮。宮崎神宮是日本第一代天皇，神武天皇的孫子替爺爺建造的神宮，天皇一族原本是在宮崎生活，而聽說海外有更肥沃的土地，於是出兵、乘風破浪東征，才來到了日本本州，這裡也可以算日本天皇的發源地。據說神武天皇高齡超過 100 多歲，以長壽聞名，大家可以求一個長壽御守回去送給父母。

宮崎神宮站

　　說是神宮卻更像植物園，從入口到神宮正門口有一大段距離，路上可以看到樹齡超過 400 歲的藤樹、杉樹，簡直就像森林一樣。除了神宮，還有博物館及護國神社，博物館內可以看到天皇出兵本州的繪畫。

　　每年 10 月 26 日會舉辦宮崎神宮大祭，在 26 日後的第一個週末會在宮崎市內舉辦遊行活動，除了龐大的人形山車，還有以神武天皇出兵本州為主題的船、武士隊伍，身著古裝的表演者一邊步行、一邊演出，可以趁此一覽電視劇裡才看得到的日本古裝。

沿著指標走會先看到一個鳥居

> **Data**
> 宮崎神宮
> ◎ 地址：宮崎市神宮 2-4-1
> ◎ 交通：JR「宮崎神宮」站，步行約 15 分鐘。
> ◎ 網址：miyazakijingu.jp
> 　　　　www.zipangguide.net/travel/sight/miyazaki/miyazaki_temple.html

宮崎神宮石雕　　　　　　　再看到一個鳥居就到了

淨手處　　　　　　　　　　全景，右手邊有在賣御守、籤詩等

掛上繪馬祈願　　　　　　　參拜處

來這參拜的遊客可以簽名留念　　宮崎神宮裡的五所稻荷及鳥居

青島站

紀念品店

青島神社接駁車

日南海岸國定公園，青島

海岸邊的大鳥居

籤詩結綁處

鴨就宮

參拜處

御成道

元宮

投瓮（天の平瓮）可開運解厄

產靈紙縒（むすひこより），不同願望分為 5 種顏色，據說把它綁起來後願望就能成真

日南海岸

　　充滿南國風情的日南海岸，以鬼的洗衣板最為出名，兩種不同的岩石相互交錯，經過海水沖蝕形成的特殊地形，宛如洗衣板一般凹凹凸凸，而日本人對於巨大的事物有個習慣，就是用「鬼」這個字來形容，所以這一排超大的洗衣岩石便被稱為「鬼的洗衣板」。來訪前一定要注意潮汐時間，漲潮時僅少數岩石會露出水面，就看不到完整的洗衣板風貌。

鬼的洗衣板

青島神社

　　青島在日南海岸外，中間有沙灘和人工道路連接，步行就可以輕鬆抵達；人工道路只有一條、不會迷路，即便鎮日海風吹拂路面仍舊乾淨，不用擔心走到一半就滿鞋子沙。

　　走到道路盡頭就會看到青島神社的石碑和樹叢，進入主殿前會先看到販賣御守的神社事務所，再往裡面主殿兩旁也有販賣御守，不過只有主殿旁的才有販賣不同顏色的鹽巴。日本人相信鹽巴有趨吉避凶、把不乾淨的東西去除的功效。

　　青島神社是宮崎的大景點之一，這裡的神明有 3 位，包括當地居民都認同的戀愛之神——海神豐玉姬和她的丈夫，日本國內也有許多觀光客前來朝聖，其中不少是年邁的爺爺奶奶，前來重溫結婚蜜月旅行時到此參拜的回憶。

從青島站步行至青島神社一路風景

亞熱帶植物聚落

　　面對主殿右邊會看到掛滿繪馬的狹窄走道，穿越後就是青島著名的亞熱帶植物園，在面積不到 1 平方公里的青島上有 27 種、超過 5,000 棵的亞熱帶植物，一整年都被綠茵包圍的小島，於 1952 年被指定為國家的特別天然紀念物。其中臺灣人常見的椰子樹和檳榔樹，在日本則非常少見。此處的植物高聳、樹冠龐大，是絕佳的庇蔭處，即便外頭大太陽，裡面卻涼爽得有點寒冷啊！

在日本很少見的檳榔樹

Data

青島神社‧亞熱帶植物聚落
◎ 地址：宮崎市青島 2-13-1
◎ 交通：JR「青島」站，步行約 20 分鐘。
◎ 票價：免費
◎ 網址：www.aoshimajinja.sakura.ne.jp

青島亞熱帶植物園　青島亞熱帶植物園
入園免費

宮崎縣立青島亞熱帶植物園

　　為了學術研究、讓一般民眾也能自然地接觸亞熱帶植物，因此在青島的對岸設置了這個亞熱帶植物園，將青島的種子、幼苗導入，裡頭有大溫室（門票只要 200 円），還有一些修剪成可愛動物的樹叢、植物，既然免費不妨進來走走看看。

大溫室　　　　恐龍造型樹叢

都井岬

　　宮崎縣最南端、周邊全都是山丘的都井岬，自 17 世紀開始，因為軍用需求開始在這裡大肆放養御崎馬，至今已有 300 年以上的歷史。在這期間以極度粗放、完全不插手的生長方式放養，於 1953 年以日本原生馬之名，被指定為天然紀念物。

有關野生馬的告示牌

　　日本原生馬的特徵就是體型嬌小，與印象中比人還要高大的西洋馬不同，這裡的野生馬只有 130 公分左右，加上御崎馬的頭較大，就像娃娃一樣，模樣可愛。即便靠近野生馬，牠們也不為所動，悠閒地吃著草，但還是要注意不要站在野生馬的後方，也不要刻意去挑釁，要是被踢到後果可不堪設想，建議遠觀就好。

野生馬與櫻花

　　在開車前往都井岬的途中會經過一道「駒止の門」，那裡會有收費員收取入門費用，野生馬也會被限制在那道門內，不會發生在市區內看到野生馬趴趴走的情形。

都井岬燈塔

　　位在 240 公尺左右的斷崖上，這座純白燈塔被選入「日本的燈塔 50 選」。雖然 50 座燈塔看似數量眾多，但由於許多燈塔實施無人化政策，不開放參觀、也無人駐守，全日本只有 15 座燈塔可以入內參觀。都井岬燈塔是唯一一座在九州且可入內參觀的，還會開放學校預約參觀、提供解說，或是讓觀光客自由參觀。

　　1929 年建立當時是使用石油燈，電氣化後至今仍為航行的船隻們提供一盞明燈。

都井峽燈塔標示

燈塔從前使用的燈

燈塔外觀

Data

宮崎縣立青島亞熱帶植物園
◎ 地址：宮崎市青島 2-12-1
◎ 交通：JR「青島」站，步行約 15 分鐘。
◎ 開放時間：08:30 ～ 17:00，大溫室開放時間 09:00 ～ 17:00。
◎ 公休：全年無休。
◎ 票價：免費。大溫室大人 200 円，高中生以下免費。
◎ 網址：mppf.or.jp/aoshima

都井岬
◎ 地點：串間市大納字都井岬
◎ 交通：JR「宮崎」站，開車約 2 小時；或是在 JR「串間」站，搭乘串間市社區巴士（都井岬線）
　　　　約 35 分鐘，下車步行約 15 分鐘。
◎ 開放時間：08:30 ～ 17:00
◎ 票價：汽車 400 円，摩托車 100 円，無關人數。
◎ 網址：kushima-city.jp/toi

都井岬燈塔
◎ 地點：串間市大字大納
◎ 交通：JR「宮崎」站，開車約 2 小時；或是在 JR「串間」站，搭乘串間市社區巴士（都井岬線）
　　　　約 35 分鐘，下車步行約 15 分鐘。
◎ 開放時間：09:00 ～ 16:30
◎ 公休：全年無休。
◎ 票價：大人 200 円，小學生以下免費。
◎ 網址：www.city.kushima.miyazaki.jp/modules/contents01/index.php?content_id=22
◎ 備註：當颱風來襲等危險災害時，不開放參觀。

美食介紹

西班牙餐廳 BARMAR Espana

餐廳內擺滿酒瓶

平日中午餐廳客人也不少

西班牙餐廳 BARMAR Espana （バルマルエスパーニャ）

　　JR 宮崎車站內的這家西班牙餐廳，在日本全國都有連鎖分店，九州只在福岡、宮崎及鹿兒島有分店，主打可以享用到新鮮海產和當季食材的料理，從西班牙進口的葡萄酒經過侍酒師仔細挑選、檢查，才端上餐桌。

　　餐廳從早上 11 點到下午 4 點是 Cafe time，4 點後則是 Bar time，搖身一變成為居酒屋，中午用餐時段就已經很多人，料想在熱愛居酒屋文化的日本，晚上會更熱鬧吧！正紅色的牆面擺滿各種酒瓶裝飾，營造出輕鬆小酌的氣氛，牆上有大螢幕可以跟三五好友一起看球賽，座位有分吧檯與圓桌。

　　以在日本吃飯的價位算是一般，餐點的設計讓客人可以互相分享，旅途中若想要稍微轉換口味時，建議可以來這裡。

前菜　　　　　　　　湯品　　　　　　　　開胃菜　　　　　　　　主餐披薩

Data

BARMAR Espana（バルマルエスパーニャ）　宮崎站店
◎ 地址：宮崎市錦町 1-8（JR 宮崎駅內）
◎ 交通：JR「宮崎」站出來即是。
◎ 電話：098-589-2210
◎ 開放時間：Cafe time 11:00 ～ 16:00，Bar time 16:00 ～ 24:00。
◎ 公休：全年無休
◎ 網址：www.masuko-net.com/2009/barmar

芒果

　　在宮崎生產的芒果，被日本媒體形容成「太陽的黃金蛋」，曾在拍賣時出現一盒 2 顆、約莫 1 公斤重的芒果，以 30 萬円成交，實在是價格不菲的高級水果。

　　屏除在日本要種植熱帶水果很難這件事本身，宮崎芒果的種植方式也十分耗費人力，芒果熟成後必須從樹上自然落下才採收。雖然使用溫室栽培，卻只能在 4 月下旬到 7 月中旬品嘗到這款夢幻水果。

有販售芒果冰　　　　　　芒果冰消暑　　　　　　芒果冰淇淋

鹿兒島

鹿兒島的交通

鹿兒島中央車站

可前往櫻島棧橋的巴士

可前往水族館的巴士

　　在鹿兒島主要的交通工具是巴士和路面電車，成人搭乘電車一次是 170 円、兒童（小學生或以下）則是 80 円，均一車資，不管坐幾站都是付同樣車資，記得是下車時付費。為了吸引觀光客周遊鹿兒島，鹿兒島交通局推出一日內無限次數搭乘「巴士、路面電車、City View 觀光巴士」的 1 日乘車券，票價是成人 600 円、兒童 300 円。在鹿兒島中央站綜合觀光諮詢處、電車與市巴士、Kagoshima City View 車內等，都可購買。

　　使用方式是在購買後，用硬幣刮下要使用的年、月、日的銀漆，下車時向司機出示即可。對於會搭乘這些交通工具達 4 次以上的人來說，非常實惠，但要特別注意此券不能使用於民營巴士與市巴士行走相同路線的南國巴士。

　　Kagoshima City View 巴士的乘車站牌在鹿兒島中央站東 4 出口，提供了 3 條鹿兒島市區主要觀光景點的路線，分別是有城山‧磯（海濱）線、海豚碼頭線、夜景線，可在路線中的任何一個景點站上下車，但要注意班次時間，以免耽誤下一個行程。每次下車需付 190 円，兒童則為 100 円，也可出示 1 日乘車券搭乘，或是使用 IC 乘車卡付費。

鹿兒島路面電車路線圖

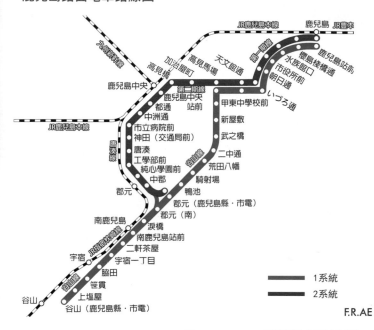

JR鹿兒島本線　鹿兒島　JR豐本
九州新幹線
加治屋町　高見馬場　天文館通　第一期線　櫻島棧橋通
高見橋　　　　　　　　　　　鹿兒島站前
鹿兒島中央　　　　　　　　　水族館口
　　　　第二期線　　　　　　市役所前
　　　　鹿兒島中央　甲東中學校前　朝日通
都通　　站前　　　　　　　　いづろ通
中洲通　　　　新屋敷
JR鹿兒島本線　市立病院前　　武之橋
鹿湊線　神田（交通局前）
唐湊　　　　　　　二中通
工學部前　谷山線　荒田八幡
純心學園前　　　騎射場
中郡　　　　　　鴨池
郡元　　郡元（鹿兒島縣‧市電）
　　　　郡元（南）
南鹿兒島　淚橋
JR指宿枕崎線　南鹿兒島站前
宇宿　　二軒茶屋
　　　宇宿一丁目
　　　脇田
谷山線　笹貫
谷山　上塩屋
　　谷山（鹿兒島縣‧市電）

━━ 1系統
━━ 2系統

F.R.AE

Kagoshima City View
巴士行經景點

Kagoshima City View 巴士

Kagoshima City View 巴士票券

城山‧磯（海濱）線	海豚碼頭線	夜景線
鹿兒島中央站		鹿兒島中央站
維新故鄉館前	鹿兒島中央站	天文館
聖方濟公園前	維新故鄉館前	海豚碼頭
西鄉銅像前	天文館前	市役所（市政府）前
薩摩義士碑前	海豚碼頭	城山（停車 15 分鐘）
西鄉洞窟前	鹿兒島水族館前（櫻島棧橋）	城山
城山	石橋紀念公園前	西鄉銅像前
西鄉洞窟前	仙巖園（磯庭園）前	天文館
薩摩義士碑前	祇園之洲公園前	鹿兒島中央站
南洲公園入口	南洲公園入口	
仙巖園（磯庭園）前	西鄉南洲顯彰館前	備註：行駛日為每週
石橋紀念公園前	薩摩義士碑前	六。1、8、12 月每週
鹿兒島水族館前（櫻島棧橋）	西鄉銅像前	五、週六行駛。在長
海豚碼頭前	天文館前	假和盂蘭盆節期間，
天文館	鹿兒島中央站	以及旺季時，可能加
鹿兒島中央站		開班次。
一周約需 60 分鐘	一周約需 75 分鐘	一周約需 60 分鐘

城市巡遊巴士

城市巡遊巴士

　　鹿兒島主要觀光地的巡遊巴士，一天有 27 班次，從早上 8 點到晚上 6 點運行，約 20 分鐘一班車，一趟約 60 分鐘左右。巴士搭乘一次大人 170 円、小孩 90 円，1 日券則是大人 500 円、小孩 250 円。停靠站如下：

第 1 站	鹿兒島中央站	第 11 站	仙巖園前
第 2 站	Javier 公園前	第 12 站	磯海水浴場前
第 3 站	西鄉銅像前	第 13 站	石橋記念公園前
第 4 站	薩摩義士碑前	第 14 站	鹿兒島水族館前　櫻島棧橋
第 5 站	西鄉洞窟前	第 15 站	Dolphin Port 前
第 6 站	城山	第 16 站	鹿兒島特產店前前
第 7 站	西鄉洞窟前	第 17 站	石燈籠通
第 8 站	薩摩義士碑前	第 18 站	天文館
第 9 站	南洲公園入口	第 19 站	維新故鄉館前
第 10 站	異人館前		

鹿兒島路面電車

鹿兒島中央車站附近摩天輪夜景

鹿兒島中央車站外的鎖國時代留學生雕像

鹿兒島市

　　除了沖繩，鹿兒島縣可說是日本最南端的縣，年均溫在 18℃以上，早晚沒有太陽曝曬時非常涼爽，冬天較短。鹿兒島縣分為北薩、南薩、霧島、鹿兒島市、南九州、指宿、櫻島、大隅，比較大的島有種子島和屋久島。鹿兒島市隔著鹿兒島灣（又稱錦江灣），與活火山島櫻島相望，透過櫻島還可以搭船到宮崎縣。

　　大河劇中有關九州最出名的作品應該就是《篤姬》吧！鹿兒島出身的篤姬，一路從父親的堂兄，也就是薩摩藩藩主島津齊彬的養女，過繼成為右大臣近衛忠熙的養女，最後嫁給江戶幕府第十三代將軍德川家定，成為御台所。《篤姬》的出名帶動海內外前往鹿兒島觀光的熱潮。

天文館商店街

　　只要搭乘路面電車到天文館站下車後，兩旁就是天文館商店街，全區由 11 條大大小小的商店街結合而成。

　　這個名稱的由來是江戶時代薩摩藩主島津重豪為了研究天文與曆法，在一處荒涼的空地設立了明時館，也就是後來的天文館，雖然現在已經不見天文館的蹤影，還是可以看到銅像和指標板。隨後路面電車開通至此，劇場、劇院的開張吸引更多人潮，還蓋了當時少見的百貨公司，漸漸發展成鹿兒島最熱鬧的地方。

　　初次來到這裡會被商店街的規模給嚇到，挑高設置的拱形屋頂，遮蓋全長約 2 公里的商店街，讓民眾不論晴雨都能舒適逛街。在這裡有著名的白熊冰本店、黑豬肉餐廳、3 家藥妝店（松本清、KoKuMiN、SUNDRUG）、服飾店、眼鏡行等，功能一應俱全。藥妝的價位比福岡市區便宜許多，建議遊客可以稍微比價後再行購買。

Data

天文館商店街
◎ 地點：鹿児島市千日町天文館商店街
◎ 交通：路面電車「天文館通電停」站即達；或是搭乘 City View 巴士在「天文館」站即達。
◎ 網址：www.or.tenmonkan.com

天文館商店街

天文館商店街十分熱鬧

KoKuMiN 藥妝店

白熊冰店附近的雕像

薩摩建立科學技術基礎的雕像

照國神社

　　祭祀著第十一代薩摩藩主島津齊彬，就是 NHK 大河劇《篤姬》中，篤姬的養父，實際上在位僅 7 年就因病逝世，卻於短短的期間內留下不少功績，像是積極導入西方文明、製造大炮及蒸氣船，甚至還製造了日本第一艘西洋式軍艦「昇平丸」，並獻給幕府等；拔擢有才能的人，如西鄉隆盛、大久保利通等，是奠定日本現代化基石的偉人之一。在他逝世後，由天皇命為照國大神明，並建造了這座神社。

　　軍艦昇平丸也帶動了日本國旗的訂定，在軍艦上掛著的日之丸旗原本是為了區別西洋軍艦和日本軍艦的旗幟，之後升格成為日本國旗。

　　通常在沒有祭典時來到這裡不太會有參拜者，從裡到外都散發出一片祥和寧靜的氛圍。

Data

> 照國神社
> ◎ 地址：鹿児島市照国町 19-35
> ◎ 交通：路面電車「朝日通」站，步行約 10 分鐘。
> ◎ 網址：www.terukunijinja.jp

照國神社

照國神社正門

淨手處

日本國旗的由來

祭典的布告欄

御守

城山展望臺

　　城山是位在鹿兒島市中心的小山，城山展望臺不論在日本人，或是在外國觀光客之間都非常的有名，是個與櫻島合照、遠眺鹿兒島市區的絕佳景點。本身是個充滿溫帶與亞熱帶植物的寶庫，沿著步道上下山不會太費力，但還是建議穿著運動鞋前往。登上展望臺可以看到最大的一座島，就是櫻島，底下的海就是鹿兒島灣，據說天氣好還可以看到更遠的霧島和指宿。

　　日本皇太子還曾行幸到城山，在這裡種下了一棵銀杏，看來天皇或皇太子走過之處都要種下一棵樹，以表示到此一遊啊！展望臺的山腳下有些商店，為了鼓勵觀光客消費，只要向他們買東西，就會用日本舊紙幣找錢，這些錢幣都還可以使用，有蒐集特殊紙幣的遊客可以參考看看。

　　在歷史上，西鄉隆盛舉兵起義，最後被逼到城山激戰、戰敗切腹，展望臺的附近有許多關於西鄉隆盛的景點，像是他最後的軍令指揮部「西鄉洞窟」、中彈後決定切腹的「西鄉的氣絕之地」等。

山腳下商店會用舊紙幣找錢

> **Data**
>
> 城山展望臺
> ◎ 地址：鹿児島市城山町
> ◎ 交通：路面電車「朝日通」站，步行約 30 分鐘。
> ◎ 票價：免費

城山展望臺

皇太子親手種植的樟樹

Kagoshima City View 巴士維新故鄉館站

維新故鄉館

維新故鄉館與維新街道

　　維新故鄉館主要介紹來自鹿兒島（舊時稱薩摩）的西鄉隆盛，以及大久保利通，因為大河劇《篤姬》的上演，館內也展出篤姬的和服、重現篤姬的房間。展示品做得很精緻，內容也十分豐富，大部分都可以拍照的，不能拍照之處則會特別標示「禁止拍照」。如果稍微了解一點日本歷史會比較清楚介紹的內容，即便不懂也可以來看看、拍拍照。遊玩時間約 2 小時左右。

　　維新故鄉館提供手冊與地圖，以此為出發點，沿著指示的 3 條道路分別可以看到石碑標示西鄉隆盛、大久保利通等偉人們的出生地；或是偉人們的銅像巡迴，可以與每座銅像合照；又或是尋訪日本邁向近代化的痕跡，如紡織所、造船所等。

　　在偉人銅像巡迴之旅的路上，有許多歷史故事的解說牌，上面有日、英、韓、繁體及簡體中文，介紹得非常詳細。

　　館內有 2 部影片可以觀賞，分別是「通往維新之路」（維新への道），約 25 分鐘；「薩摩的學生，往西行」（薩摩スチューデント、西へ），約 20 分鐘。這兩部影片也備有各種語言版本，工作人員會解說如何切換語言，可以依照播放時刻表安排一下。

Data

維新故鄉館與維新街道
◎ 地址：鹿兒島市加治屋町 23-1
◎ 交通：JR「鹿兒島中央」站，步行約 12 分鐘；或是路面電車「高見橋」站，步行約 4 分鐘。也可搭乘 City View 巴士在「維新ふるさと館前」站下車。
◎ 電話：099-239-7700
◎ 開放時間：09:00 ～ 17:00，最終入場時間 16:30。
◎ 公休：全年無休
◎ 票價：高中生以上 300 円，中學生以下 150 円，未就學兒童免費。可出示持有的 1 日乘車券，則享 8 折優惠。
◎ 網址：ishinfurusatokan.info

Info

☆ 歷史小知識

　　明治維新是 1860 ～ 1880 年代之間，由日本各地的志士推動大政奉還、尊王攘夷，將幕府的勢力瓦解、把真正的實權回歸天皇，合力抵抗西方的「黑船」與壓迫，推進日本的現代化與西化。

　　出身下層武士的西鄉隆盛在明治維新中，與幕府大臣談判開江戶城、出力平定德川幕府，在廢去武士階級後主張向外出征，在薩摩建立私學校宣揚武士道理念，最後因薩摩士族的起義，西鄉成為領袖帶領出征，最後負傷無法戰鬥，切腹自殺。

　　大久保利通同樣出身下層武士，與西鄉隆盛是同學、也是朋友，跟西鄉隆盛一同逼退幕府。之後參與岩倉使節團到美國、歐洲遊學，正視到當時西方國家的強大，因而主張內治，與西鄉隆盛的理念相反，甚至最終在西南戰爭當中擔任討伐西鄉的指揮，也因為西鄉的死亡而招來暗殺。

　　這兩人雖然從朋友到最後成為敵對，但其實都是為了強大日本，他們的事蹟就留待各位到維新故鄉館一探究竟吧！

1~2 維新故鄉館展示

互動有聲平臺（會動）

西鄉隆盛紀念拍照處

戰災復興紀念碑

生動的影片戲劇場

街道上的十二干支

母子像

大久保利通像

河邊戲水小童群像

維新故鄉街道

仙巖園（磯庭園）

　　仙巖園是薩摩藩第十九代藩主島津光久的別邸，在鹿兒島城燒毀後正式成為島津一家的住處，中間一度因華族制度的廢除而由鹿兒島市接手，後來還給島津的後代管理。

　　占地超過 5 萬平方公尺，整體設計受到中國文化影響甚深，最著名的是借景式的造園方式，巧妙將櫻島也融入了庭院的景中，怎麼拍照都很美麗。仙巖園入口附近是「尚古集成館」，集結了管轄鹿兒島 700 餘年的諸候島津家的歷史、文化等，此外還有「薩摩切子」玻璃工廠，都可自由參觀。在明治時期島津家曾在此地完成建造大炮、鋪設煤氣管點燈等近代化產業，園內有許多遺跡可以合照。

Kagoshima City View 巴士仙巖園站

仙巖園

火山灰回收袋

大河劇《篤姬》拍攝地點

　　2008 年的大河劇《篤姬》有幾幕在此取景，據説借用不對一般民眾開放的高臺拍攝，無法站在篤姬和小松帶刀曾經站過景點還真是可惜。

　　另外，仙巖園和周邊的尚古集成館等推動近代化的設施，於 2015 年 7 月確定登錄為世界文化遺產，想必來自國內外的參觀遊客都會逐漸增加。

Data

　　仙巖園（磯庭園）
◎ 地址：鹿兒島市吉野町 9700-1
◎ 交通：搭乘鹿兒島 City View 巴士、城市巡遊巴士「仙巖園」站下車。
◎ 電話：099-247-1551
◎ 開放時間：08:30 ～ 17:30
◎ 公休：全年無休
◎ 票價：高中生以上 1,000 円，中、小學生 500 円。御殿共通券高中生以上 1,600 円，中、小學生 800 円。
◎ 網址：www.senganen.jp

仙巖園內部一景

潮香亭

薩摩切子館

正門

兩棒餅是當地名物

江南竹林

從仙巖園眺望櫻島的美景

仙巖園旁邊的鶴嶺神社

尚古集成館

指宿市

　　位在薩摩半島最南邊的指宿市，是以指宿溫泉聞名的觀光地，因為它溫暖的天氣，市民自稱為是日本的夏威夷。

足湯

　　指宿車站出來左前方的廣場設有免費的足湯，許多當地居民及旅人都會來此泡腳，紓解身上的疲憊，足湯設有屋頂，下雨也可以使用。足湯的溫度挺高，建議不要馬上一腳下去，請先試水溫再慢慢下水。預備泡足湯的遊客記得別穿褲管太緊的褲子，才方便捲起泡腳，可以帶條小毛巾泡完後擦乾用。

 Data

　　足湯
◎ 交通：JR「指宿」站出來左前方即是。
◎ 開放時間：07:30 ～ 23:00
◎ 公休：全年無休
◎ 票價：免費
◎ 網址：www.ibusuki.or.jp/modules/xfsection/article.php?articleid=105

到指宿的普通列車

指宿站

指宿站外的免費足湯

砂浴

　　指宿的溫泉號稱是南九州最大的溫泉地。在日本到處都能泡溫泉，但天然砂浴可就只有在指宿才能體驗。

　　天然砂浴的珍貴之處在於，海岸邊其實沒有溫泉，其來源是湧泉處流入海灣的途中加熱了海岸邊的砂子，才產生了砂浴。

　　砂浴的步驟：

1. 更換浴衣（內裡必須全裸）。
2. 在指定的場所，以臉朝上的姿勢躺下，此時會有工作人員用砂把你「埋」起來。
3. 經過約 10 ～ 15 分鐘左右，從沙堆中出來。
4. 在淋浴間清洗乾淨後再泡入溫泉。

　　砂浴可幫助血液循環，進而排出身體的老廢物質、改善手腳冰冷、生理痛等，對女性美容美體都有極大效果，非常推薦來體驗一下。請特別注意，雖然流程建議在沙堆中埋個 10 ～ 15 分鐘，但有的人說不定 5 分鐘左右就熱到受不了，可以依照自己的體質，不需要勉強。

　　在指宿可以享受砂浴的公共設施有「砂樂」和「砂湯里」，也有提供砂浴的旅館可供挑選，有的旅館供單純使用砂浴，有的僅供住宿者使用；還有些旅館會提供前往「砂樂」的接送服務，訂房前最好先詢問清楚，才不會撲空。

砂樂

營業時間、費用

1-2 砂浴及入浴方法介紹

天然砂浴

工作人員幫忙把砂鋪在身上、享受砂浴之樂

砂樂

　　砂樂約有 300 年左右的歷史，位在海邊，可以一邊享受砂浴、一邊聽著海浪聲，睜開眼就是遼闊的天空，能夠放鬆身心，接著離開砂浴區前往室內的溫泉區泡湯，更足以療癒旅遊的酸痛。只是一旦起身去泡湯後就不能再回來沙浴，並且要記得多補充水分以免不適。

　　工作人員會先用毛巾將旅客的臉蓋住後，才把砂鋪在旅客身上。如果想要拍照留念，可以用防水的塑膠袋裝著相機，躺好後請工作人員幫忙拍照，他們都會很樂意。

Data

砂樂
◎ 地址：指宿市湯の浜 5-25-18
◎ 交通：在 JR「指宿」站，搭乘巴士（往山川棧橋方向）「砂むし会館前」下車，步行約 1 分鐘。
◎ 電話：099-323-3900
◎ 開放時間：08:00 ～ 20:30（21:00 閉館）週末、國定假日以外的日子 12:00 ～ 13:00 休館清潔。
◎ 公休：全年無休，但可能因氣候不佳臨時休息。
◎ 費用：

	砂浴＋溫泉	溫泉
中學生以上	1,080 円	610 円
小學以下	590 円	300 円

以上費用包含埋砂浴時的浴衣，
但不含包頭用的毛巾。

包頭毛巾	120 円（購買）
浴巾	200 円（僅租借）
衣物櫃	免費
貴重物品櫃	100 円

◎ 網址：sa-raku.sakura.ne.jp

龍宮神社

前往燈塔的路上會看到龍宮神社，傳說中浦島太郎就是在這裡拯救了龍宮的海龜，接受海龜的招待前往海底龍宮參觀，因思念家鄉要求回到岸上，臨走前獲得了豐玉姬公主贈送的寶盒，回到岸上卻發現人事已非。原來在龍宮的幾日等同陸地上的幾百年，在好奇心驅使之下，浦島太郎打開了寶盒，一瞬間就變成了白髮蒼蒼的老爺爺。

龍宮神社內祭祀著豐玉姬，保佑著航海相關產業或漁業，因著豐玉姬公主與浦島太郎奇妙的相遇，也保佑締結良緣。這裡的繪馬是貝殼，一個 100 円。路上有些販賣熱帶水果的店家，當時看到一顆火龍果要價 500 円。

路上販賣熱帶水果的店家

龍宮神社

龍宮神社淨手處

浦島太郎、烏龜

長崎鼻

眺望櫻島美景

長崎鼻

在薩摩半島最南端的長崎鼻，步行可達最遠的地方就是薩摩長崎鼻燈塔，再往南端地上都是大顆石頭，不適合行走。但即便只從燈塔瞭望，若是天氣好甚至可以看到南方的竹島、硫磺島等。

燈塔

長崎鼻巴士站牌

Data

龍宮神社	長崎鼻
◎ 地址：指宿市山川岡児ヶ水 1581-34	◎ 地點：指宿市山川岡児ヶ水長崎鼻
◎ 交通：長崎鼻燈塔旁邊。	◎ 交通：從 JR「山川」站，搭乘鹿兒島巴士（往開間方向）約 20 分鐘，在「長崎鼻」站下車。

霧島市

きりしま號列車

霧島神宮站

坂本龍馬夫婦蜜月旅行
的地方

坂本龍馬夫婦蜜月旅行
紀念牌

霧島市被譽為日本首選的新婚旅行勝地，是坂本龍馬與其夫人阿龍在「寺田屋事件」後，因為坂本龍馬負傷，聽從西鄉隆盛和小松帶刀的建議，來到以溫泉著名的霧島進行療傷。據說雖然只在霧島短暫停留 10 天，卻是坂本夫婦在高潮迭起的人生中，兩人最安逸甜蜜的時光。

「きりしま」足美の湯

霧島神宮車站出來的停車場有座小小的足湯，是 2004 年 9 月開放使用的一個免費設施，可消除神經痛、肌肉酸痛、關節痛等症狀。由於此處的巴士班次並不多，因此在等巴士之餘可以來泡泡腳、殺殺時間。

Data
「きりしま」足美の湯
◎ 地點：JR「霧島神宮」站旁
◎ 開放時間：09:00 ～ 19:30

「きりしま」足美の湯

霧島神宮

在日本最古老的書中就有記載霧島神宮，大約可追溯至6世紀，據說供奉著天照大神的孫子，也就是現今天皇往上數超過一百代的祖先。也有一派主張此神宮原本是祭祀霧島連峰中第二高峰「高千穗峰」的山神，後來才輾轉成為祭祀天皇的神宮。

不過因為高千穗峰火山的噴發，神宮數度遭到祝融之禍，如今看到的是18世紀時島津家重建的版本。

Data

霧島神宮
◎ 地址：霧島市霧島田口2608-5
◎ 交通：JR「霧島神宮」站下車，搭乘巴士（霧島いわさきホテル方向）約10～15分鐘，在「霧島神宮前」站下車，步行約2分鐘。
◎ 開放時間：自由參觀。祈禱等受理時間為08:00～18:00。
◎ 網址：www.kirishimajingu.or.jp

霧島神宮

霧島神宮鳥居

御神木

淨手處

神樂殿

籤詩

霧島神宮溫泉鄉

參拜處

販售御守等

販售神酒、神棚

櫻島

遠眺櫻島的完整面貌

位在鹿兒島縣南端的櫻島，是座非常著名的活火山，在百年以前還只是座被鹿兒島灣包圍著、孤立在海上的火山島，於 1914 年的大正噴發後，火山噴發持續了將近兩年的時間，使得大量的火山灰和熔岩在其東部堆積，形成了連接鹿兒島本島的陸地。也正因為那一次嚴重的火山噴發，更加促進櫻島與鹿兒島的連結。

櫻島 Ferry

位在鹿兒島市正對面的櫻島，可以從鹿兒島本港搭乘櫻島 Ferry 出發，航程約 15 分鐘，便可抵達櫻島港。

要搭乘櫻島 Ferry 的乘客，有的是直接走上船，或是駕駛小客車，也有運輸業的貨車，櫻島 Ferry 的船可容許多輛客車和貨車搭乘。無論是駕車登船或直接登船的旅客，在鹿兒島方面都不需要付費，到了櫻島再付費即可；而要從櫻島回鹿兒島時，也是在櫻島付費。

開車從櫻島港上船

往返櫻島的船隻非常多，會搭上什麼樣的船就要碰運氣了，有的船身有 4、5 層高，還有烏龍麵店；有的只有 1 層，除了廁所，沒什麼好去的地方。開車登船的旅客在停妥車後，便可從旁邊的小門出去、爬上階梯、前進甲板、船艙和廁所。

鹿兒島本港入口

搭車的乘客除了人本身，還要依據車身大小計費，每輛車的運費只包含一名駕駛，其餘的乘客則另外計算。

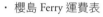

· 櫻島 Ferry 運費表

種類	運費
小客車車身未滿 3 公尺	880 円
3～4 公尺	1,150 円
4～5 公尺	1,600 円
5～6 公尺	1,970 円
腳踏車	110 円
機車 125cc 以下	220 円
機車 125～750cc	330 円
乘客大人	160 円
乘客小孩	80 円

從鹿兒島本港上船是不用付費的，到了櫻島港才付費

 Data

霧島神宮
◎ 地址：霧島市霧島田口 2608-5
◎ 交通：JR「霧島神宮」站下車，搭乘巴士（霧島いわさきホテル方向）約 10～15 分鐘，在「霧島神宮前」站下車，步行約 2 分鐘。
◎ 開放時間：自由參觀。祈禱等受理時間為 08:00～18:00。
◎ 網址：www.kirishimajingu.or.jp

汽車上船的橋

風平浪靜的海上

櫻島的蜜柑、白蘿蔔都有可愛的小玩偶紀念品

直徑約 20 公分的醃漬蘿蔔

櫻島限定拉拉熊與番薯吊飾

居然連火山灰都可以賣

烏島展望所

櫻島休息站

　　經過約 15 分鐘的航程後會來到櫻島港，駕著原車出去，右轉沿著彎曲的道路開車約 1 分鐘左右，隨即抵達櫻島休息站。休息站分為兩個部分，一是餐廳「おふくろの味・旬」，另一邊是物產館「火の島めぐみ館」。

　　由於櫻島火山噴發的火山灰含豐富營養，櫻島的作物都特別巨大。櫻島休息站聚集了來自各個農地最新鮮的農產及其副產品，在這裡可以找到櫻島的名產，如新鮮的番薯、蘿蔔，還有堆成山的小蜜柑，此外也有可以久放的紅薯派、醃漬蘿蔔、蜜柑果醬、椿油，甚至是聖誕裝飾用的毬果等。

　　只是明明都是櫻島產的農作物，價格還是不菲，最讓人覺得莞爾的是，居然連櫻島噴發的火山灰都賣呢！

烏島展望所

　　位在櫻島道路旁一個不起眼的高臺，看似只是用作休息的涼亭。烏島的誕生起源於 500 多年前櫻島火山噴發，當時還只是個 20 公尺高、周長 500 公尺的無人島。之後於 1914 年的大正噴發中，從櫻島火山流出的岩漿將相隔 500 公尺遠的烏島完整埋起來，烏島的身影從此不再，只剩名字還留存。

　　來到烏島展望所，往前可眺望鹿兒島市區，腳邊是鹿兒島灣，背後是櫻島火山，可說是與城山展望臺對望的直線上。

Data

櫻島休息站
◎ 地址：鹿児島市桜島横山町 1722-48
◎ 交通：鹿兒島港搭乘櫻島 Ferry，約 15 分鐘可達。
◎ 開放時間：農產販售處 09:00 ～ 18:00，
　餐廳 09:00 ～ 17:00。
◎ 公休：每月第三個週一
◎ 網址：www.megumikan.jp

烏島展望所
◎ 地址：鹿児島市桜島赤水町 3629-12
◎ 交通：從櫻島港出發，步行約 25 分鐘；或是開車約 4 分鐘。亦可搭乘櫻島觀光巴士，在「烏島展望所」下車。

赤水展望廣場

　　2004 年 8 月，日本藝人長瀨剛回到故鄉鹿兒島，來到櫻島這裡舉辦長達一整個晚上的演唱會，日本全國各地共有超過 75,000 名粉絲前來，而櫻島人口不過 6,000 而已，據說當時演唱會的聲音跨過大海，對面的鹿兒島市都可以聽見。

　　為了紀念這一場猶如傳說般的演唱會，設置了赤水展望廣場，之後還有雕刻家大成浩氏採用 30 公噸以上的櫻島熔岩，雕刻出一座高達 3.4 公尺的「吶喊的雕像」，又被稱為長瀨剛紀念碑，看到這些雕像彷彿可以再度感受到當年演唱會的熱力四射。

赤水展望廣場

櫻島周遊巴士

湯之平展望所

　　櫻島火山魄力十足的噴火口就在眼前，是一般觀光客可以到達櫻島山嶽中的最高點，曾因櫻島噴火警戒等級達到 4 級而封閉，於 2014 年 8 月後再度開放。黃昏時刻可以看到染上橘紅色的櫻島山脈，面向海的一端又可以看到夕陽落入海中。

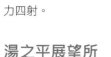

湯之平展望所

 Data

赤水展望廣場
◎ 地址：鹿兒島市桜島赤水町 3629-3
◎ 交通：從櫻島港出發，步行約 30 分鐘；或是開車約 5 分鐘。
◎ 票價：免費

湯之平展望所
◎ 地址：鹿兒島市桜島小池町 1025
◎ 交通：從櫻島港出發，開車約 15 分鐘。
◎ 開放時間：自由參觀，商店 09:00 ～ 17:00。
◎ 公休：可能因火山噴發導致封閉。

美食介紹

黑豬肉　あぢもり

　　鹿兒島的豬肉早在幕府時代就很有名，德川慶喜的生父德川齊昭曾讚美鹿兒島的豬肉珍奇味美，是精力的來源。

　　現在所吃到的黑豬，其實是鹿兒島本土的豬隻與海外引進的盤克夏豬進行品種改良後的產物，黑豬肉比起白豬肉價格高，除了養殖時間較長、產量較低、物以稀為貴等原因，還有鹿兒島的養殖方式非常講究——在大自然中養育、自由放牧，且飼料中大量添加鹿兒島土生土長的地瓜，使肉質更有彈性、更爽口。

　　鹿兒島黑豬還有一特徵是「六白」，指盤克夏豬除了四隻腳、鼻子和尾巴這六處是白色，其他部位都是黑色。

　　あぢもり（發音 ADiMoRi）於 1978 年開店，號稱是黑豬肉涮涮鍋的發源店。中午的主力餐點是炸豬排和豬肉漢堡排套餐，白飯、味噌湯和高麗菜絲都可以續一次，套餐的價位約 1,300 円左右。出名的黑豬肉刷刷鍋，包括從一人份 4,320 円的維新套餐，到 8,640 円的櫻島套餐等，豬肉片擺成玫瑰盤狀，也是一種視覺享受。

1-2 あぢもり元祖黑豚料理

美味的烤豬排套餐

Data

あぢもり
◎ 地址：鹿児島市千日町 13-21
◎ 交通：路面電車「天文館通」站，步行約 3 分鐘。
◎ 電話：099-224-7634
◎ 營業時間：11:30 ～最終點餐 14:15，17:30 ～最終點餐 20:45，
　　涮涮鍋提供 12:00 ～ 13:00。
◎ 公休：當月休息日會在官網上公布，每月不同。
◎ 網址：adimori.com

白熊冰＆餐廳

在遠處就可以看到一隻巨大的白熊公仔，還有旁邊的白熊冰模型。這個刨冰創始初期，使用一定比例的牛奶與蜜糖混合，澆在刨冰上後變成雪白基底，再用櫻桃、葡萄乾、日式菓子點綴，呈現一張熊的臉，所以稱作白熊。慢慢發展成現在看到的樣子，裝滿了各式水果、日式菓子的豐盛刨冰。

有試過日本刨冰的人才會感受到這份白熊冰的價值，在日本一般販售的刨冰都是「剉冰」加上各色口味的「糖漿」，沒有任何其他配料，因此擁有豐富口感的白熊冰才會在日本大受歡迎。

白熊冰本店真的很神奇，B1 是鐵板燒、1 樓是咖啡館、2 樓是洋食休閒餐廳、4 樓是居酒屋及和食館，5 樓是提供 4 樓餐廳使用的宴會廳，可包下舉行年終尾牙或親友聚會。複合式經營簡直就要把大家一天三餐全都包了。白熊冰可內用、也可外帶，不過外帶的會比較小杯。請特別留意，在各層餐廳中雖然都可點白熊冰，但有些特定的口味只能在 1 樓享用。

原以為來這裡的都是觀光客，但其實有很多當地常客來吃。此外，結帳時在櫃檯可以看到許多白熊的周邊商品。

天文館白熊冰，人潮不少

超級大碗的白熊冰

好吃清涼的白熊冰來了

4、5 樓為むじゃき亭餐廳

櫃檯還有白熊相關周邊商品

黑豬肉豬排套餐

Data

白熊冰＆餐廳
- ◎ 地址：鹿兒島市千日町 5-8
- ◎ 交通：路面電車「天文館通」站，步行約 3 分鐘。
- ◎ 電話：099-222-6904
- ◎ 營業時間：11:00 ～ 22:00，最後點餐時間 21:30。逢週日、休假日，以及 7、8 月提前為 10:00 營業。
- ◎ 公休：休息時間不定，請上官網確認。
- ◎ 網址：mujyaki.co.jp

附錄 1
北九州旅遊行程組合推薦

5 天 4 夜行程

天數	行程	宿泊	交通
Day 1	・櫛田神社 ・川端通＆天神逛街 ・福岡城及周邊 or 傍晚百道海灘／福岡塔夜景 ・一蘭拉麵／鐵鍋餃子（屋台） ＊ 依自己的去程航班時間取捨景點。	博多	福岡地鐵 1 日券／ 巴士 1 日券
Day 2	小倉／門司港／下關	小倉	JR 北九州 PASS （3 日券）
Day 3	別府／大分／由布院行程	由布院	
Day 4	阿蘇／熊本行程	熊本	
Day 5	太宰府天滿宮／九州國立博物館 ＊ 依自己的回程航班時間取捨景點，若沒時間可改到福岡市區逛逛。	可愛溫馨的家	地下鐵／巴士

7天6夜行程

天數	行程	宿泊	交通
Day 1	・櫛田神社 ・川端通＆天神逛街 ・福岡城及周邊 or 傍晚百道海灘／福岡塔夜景 ・一蘭拉麵／鐵鍋餃子（屋台） ＊依自己的去程航班時間取捨景點。	博多	福岡地鐵 1日券／ 巴士1日券
Day 2	小倉／門司港／下關	小倉	JR 北九州 PASS （5日券）
Day 3	別府／大分／由布院行程	由布院	
Day 4	阿蘇／熊本行程	熊本	
Day 5	鳥栖 Outlet／佐賀行程（市區、吉野里公園、有田、嬉野／武雄溫泉等）	佐賀	
Day 6	豪斯登堡一日遊／長崎一日遊 （中華街、原爆點、哥拉巴園、大浦天主堂、稻佐山夜景）	佐世保／長崎	
Day 7	太宰府天滿宮／九州國立博物館 ＊依自己的回程航班時間取捨景點，若沒時間可改到福岡市區逛逛。	可愛溫馨的家	地下鐵／巴士

＊旅遊行程本來就是千變萬化，依據自己喜好、時間來規劃，玩起來最開心。

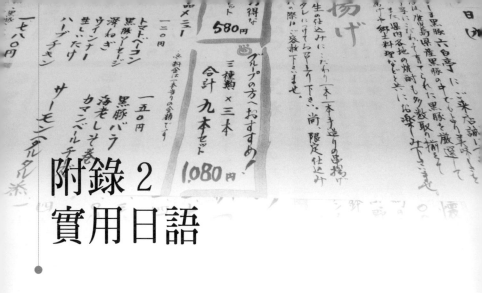

附錄 2
實用日語

　　雖然日本的觀光景點通常有多語言的觀光導覽或告示牌，但來到近年來觀光人氣才慢慢提升的九州，多少會一些日文還是能對旅遊有幫助，以下列出一些基本的日文旅遊單字、會話，即便不會說，也能用手指來溝通。

飲食篇

　　日本的餐廳會分吸菸區與非吸菸區，如果有特別需求都可以提出來。

中文	日文	中文	日文
生啤酒	生ビール	菜單	メニュー
果汁	ジュース	廁所	トイレ
御飯糰	おにぎり	吸菸（區）	喫煙
拉麵	レーメン	非吸菸（區）	禁煙
牛肉蓋飯	牛丼	菸灰缸	灰皿
炸豬排蓋飯	カツ丼	溼紙巾	おしぼり
甜點	デザート	筷子	お箸
冰水	お冷	叉子	フォーク
熱水	お湯	刀子	ナイフ
辣的	辛口	湯匙	スプーン
甜的	甘口	吃到飽	食べ放題
外帶	テイクアウト / お持ち帰り	結帳	会計／勘定
請給我一份○○	○○を一つください	收據	領収書
有○○嗎？	○○がありますか	信用卡	クレジットカード
多少錢？	おいくらですか		

購物篇

趁著親自來到日本，購入需要的小家電，遠比在臺灣買更便宜。

中文	日文	中文	日文
便宜的	安い	塑膠購物袋	レジ袋
貴的	高い	發票	レシート
試穿	試着	櫃檯	カウンター
衣服	洋服	收銀機	レジ
數位相機	デジカメ	禮物	プレゼント
吹風機	ドライヤー	點數	ポイント
洗臉機	洗顔器	免稅	免税
含稅	税込	未稅	税抜き
請給我這個	これをください	不用，謝謝	結構です
這個多少錢？	これはいくらですか	請幫我包裝	ラッピングをお願いします
請給我看○○	○○を見せてください	我想要○○	○○が欲しいです

交通篇

人生地不熟最怕迷路，不會講日文至少可以用指的問路。

中文	日文	中文	日文
○○大樓	○○ビル	巴士	バス
○○車站	○○駅	右／左轉	右／左に曲がる
地圖	地図. マップ	直走	まっすぐ
導覽	ガイド	○○在哪裡？	○○はどちらですか
要花多少時間呢？	どれぐらい時間かかりますか	○○怎麼去？	○○はどうやって行けますか

住宿篇

難得出國一定是在外玩到精疲力盡才回旅館，只要知道基本的物品辭彙就可以好好休息。

中文	日文	中文	日文
洗髮精	シャンプー	附早餐	朝ごはん付き
潤絲精	リンス	單人	シングル
護髮乳	コンディショナー	雙人	ダブル
沐浴乳	ボディウォッシュ	鑰匙	鍵. キー
洗面乳	洗顔料	投幣式洗衣機	コインランドリー
浴帽	シャワーキャップ		

國家圖書館出版品預行編目資料

九州自助超簡單 / Cindy, Lina Chen文.攝影. --
初版. -- 臺北市 : 華成圖書, 2016.07
　面 ; 　公分. --（GO簡單系列 ; G0322）
ISBN 978-986-192-282-9(平裝)

1.旅遊 2.日本九州

731.7809　　　　　　　　　　　　　105005743

GO簡單系列　G0322

九州自助超簡單

作　　者／Cindy、Lina Chen

出版發行／〔華杏出版機構〕

　華成圖書出版股份有限公司
　www.far-reaching.com.tw
　11493台北市內湖區洲子街72號5樓（愛丁堡科技中心）
　戶　　名　華成圖書出版股份有限公司
　郵政劃撥　19590886
　e-mail　huacheng@farseeing.com.tw
　電　　話　02-27975050
　傳　　真　02-87972007
　華杏網址　www.farseeing.com.tw
　e-mail　fars@ms6.hinet.net
　華成創辦人　郭麗群
　發　行　人　蕭聿雯
　總　經　理　熊芸
　法律顧問　蕭雄淋・陳淑貞

　總　編　輯　周慧琍
　企劃主編　蔡承恩
　執行編輯　張靜怡
　美術設計　陳琪叡
　行銷企劃　林舜婷
　印務專員　何麗英

定　　價／以封底定價為準
出版印刷／2016年7月初版1刷

總　經　銷／知己圖書股份有限公司
　　　　　　台中市工業區30路1號　　電話　04-23595819　　傳真　04-23597123

☺ 讀 者 回 函 卡

謝謝您購買此書，為了加強對讀者的服務，請詳細填寫本回函卡，寄回給我們（免貼郵票）或 E-mail至huacheng@farseeing.com.tw給予建議，您即可不定期收到本公司的出版訊息！

您所購買的書名/_____ 購買書店名/_____

您的姓名/_____ 聯絡電話/_____

您的性別/□男 □女　　　您的生日/西元_____年____月____日

您的通訊地址/□□□□□_____

您的電子郵件信箱/_____

您的職業/□學生 □軍公教 □金融 □服務 □資訊 □製造 □自由 □傳播
　　　　□農漁牧 □家管 □退休 □其他

您的學歷/□國中（含以下） □高中（職） □大學（大專） □研究所（含以上）

您從何處得知本書訊息/（可複選）

□書店 □網路 □報紙 □雜誌 □電視 □廣播 □他人推薦 □其他

您經常的購書習慣/（可複選）

□書店購買 □網路購書 □傳真訂購 □郵政劃撥 □其他_____

您覺得本書價格/□合理 □偏高 □便宜

您對本書的評價（請填代號/ 1. 非常滿意 2. 滿意 3. 尚可 4. 不滿意 5. 非常不滿意）

封面設計_____ 版面編排_____ 書名_____ 內容_____ 文筆_____

您對於讀完本書後感到/□收穫很大 □有點小收穫 □沒有收穫

您會推薦本書給別人嗎/□會 □不會 □不一定

您希望閱讀到什麼類型的書籍/_____

您對本書及我們的建議/

廣告回信
台北郵局登記證
台北廣字第000526號

免貼郵票

華杏出版機構

<u>華成圖書出版股份有限公司</u>　收

11493台北市內湖區洲子街72號5樓（愛丁堡科技中心）
TEL/02－27975050

（沿線剪下）

（對折黏貼後，即可直接郵寄）

😊 本公司為求提升品質特別設計這份「讀者回函卡」，懇請惠予意見，幫助我們更上一層樓。感謝您的支持與愛護！

www.far-reaching.com.tw　　請將 G0322 「讀者回函卡」寄回或傳真 (02) 8797-2007